既存木造

学校建物の耐力度測定方法

既存鉄筋コンクリート造・鉄骨造・
木造・補強コンクリートブロック造
学校建物の耐力度測定方法編集委員会［編］

第一法規

教室間壁軸組（筋かい）

柱頭接合部（かすがい）

接合部（柱頭（ほぞ差し）・筋かい（かすがい））

基礎のひび割れ

土台の蟻害

土台、基礎の蟻道

外壁柱・土台の腐朽

外壁の劣化（モルタル塗り）

目　　次

第1章　概　　要 ……………………………………………………………………… 1

　1.1　基本方針と適用範囲 ………………………………………………………… 2

　　1.1.1　基本方針 …………………………………………………………………… 2

　　1.1.2　適用範囲 …………………………………………………………………… 2

　1.2　耐力度測定項目の考え方 …………………………………………………… 4

　　1.2.1　測定項目の組立て方 ……………………………………………………… 4

　　1.2.2　構造耐力 …………………………………………………………………… 5

　　1.2.3　健全度 ……………………………………………………………………… 5

　　1.2.4　立地条件 …………………………………………………………………… 5

第2章　耐力度調査票 ……………………………………………………………… 7

第3章　耐力度調査票付属説明書 ………………………………………………… 11

　3.1　一般事項 ……………………………………………………………………… 12

　3.2　測定方法 ……………………………………………………………………… 13

　　3.2.1　調査票のⅠ～Ⅲの記入方法 …………………………………………… 13

　　3.2.2　Ⓐ構造耐力の記入方法 ………………………………………………… 13

　　3.2.3　Ⓑ健全度の記入方法 …………………………………………………… 16

　　3.2.4　Ⓒ立地条件の記入方法 ………………………………………………… 21

　　3.2.5　図面の記入方法 ………………………………………………………… 21

第4章　耐力度調査票付属説明書の解説 ………………………………………… 23

　(1)　耐力度調査の特徴及び耐震診断との関係 ……………………………… 24

　(2)　耐力度調査に関する法律・政令・告示の改正 ………………………… 27

　(3)　旧手法での木造建物の耐力度調査の問題点 …………………………… 28

　(4)　測定項目 …………………………………………………………………… 28

　4.1　構造耐力 ……………………………………………………………………… 29

　　4.1.1　保有耐力 ………………………………………………………………… 29

　　4.1.2　構法の特性 ……………………………………………………………… 34

　　4.1.3　基礎構造 ………………………………………………………………… 34

　　4.1.4　地震による被災履歴 …………………………………………………… 36

　4.2　健全度 ………………………………………………………………………… 38

4.2.1	健全度測定の考え方	38
4.2.2	健全度測定項目と配点の考え方	38
4.2.3	経年変化	42
4.2.4	木材の腐朽度	43
4.2.5	基礎の状態	46
4.2.6	部材の傾斜、たわみ	48
4.2.7	床鳴り、振動障害	49
4.2.8	火災の被災経験	51
4.2.9	雨漏り痕の有無	52
4.3	立地条件	53
4.3.1	地震地域係数	53
4.3.2	地盤種別	53
4.3.3	敷地条件	53
4.3.4	積雪寒冷地域	55
4.3.5	海岸からの距離	55
4.4	その他の留意事項	56
4.4.1	調査票の作成と添付資料	56

第5章　耐力度調査チェックリスト … 59

耐力度調査チェックリスト　―木造― … 60

第6章　耐震診断未実施建物の耐力度調査票 … 63

第7章　耐震診断未実施建物の耐力度調査票付属説明書 … 67

7.1	一般事項	68
7.2	測定方法	69
7.2.1	Ⓐ構造耐力の記入方法	69

第8章　耐震診断未実施建物の耐力度調査チェックリスト … 75

耐力度調査チェックリスト　―木造（耐震診断未実施）― … 76

第9章　耐力度測定報告書作成例 … 81

例1〔2階建て校舎〕 … 81

付　　　録 101

付 1　公立学校施設費国庫負担金等に関する関係法令等の運用細目（抄）.................... 102

付 2　学校施設環境改善交付金交付要綱（抄）.. 103

付 3　建築基準法施行令に基づく Z の数値、Rt 及び Ai を算出する方法並びに地盤が著
　　　しく軟弱な区域として特定行政庁が指定する基準（抄）.................................108

付 4　義務教育諸学校等の施設費の国庫負担等に関する法律（抄）.............................110

付 5　義務教育諸学校等の施設費の国庫負担等に関する法律施行令（抄）.....................111

付 6　義務教育諸学校等の施設費の国庫負担等に関する法律施行規則（抄）.................112

第1章　概　　要

2 第1章 概　要

1.1 基本方針と適用範囲

1.1.1 基本方針

　木造（校舎、屋内運動場、寄宿舎）の耐力度測定方法は、他構造と同様に、公立学校施設においての建物の「Ⓐ構造耐力」、「Ⓑ健全度」、「Ⓒ立地条件」の3点の項目を総合的に調査し、建物の老朽化を評価するものであり、調査の結果、所要の評点に達しないものについては、老朽化した公立学校施設を建て替える事業（以下、「危険改築事業」という）の際の補助対象となり、改築が必要かどうかを判断するための一つの方法となる。

　これらの測定方法をまとめた「耐力度調査票」により耐力度測定が行われた結果、構造上危険と判定された建物は国庫補助の対象とされている。この調査は昭和29年に、木造建物についてのみ定められていたが、昭和58年の「義務教育諸学校等の施設費の国庫負担法等に関する法律」の改正により他構造においても木造建物に準じた耐力度調査票を作成し、国庫補助事業の対象となった。その後、文部科学省では、改築に代わる手段として学校施設の長寿命化を進めるため、平成25年度に構造躯体の長寿命化やライフラインの更新などによる建物の耐久性能向上、省エネルギー化や多様な学習内容、学習形態を可能とする環境の提供など現代の社会要請に応じた改修を支援する「長寿命化改良事業」が創設された。また、昭和56年以前の基準で建てられた施設の耐震化も進み、ほぼ全ての公立学校の施設が新耐震設計基準相当の耐震性能を満たすようになった。

　このような状況の下、今回の改定では、近年の地震被害等に基づく知見、及び建築基準法・告示改正に伴う見直しを含めて、主として、「Ⓐ構造耐力」と「Ⓑ健全度（旧手法におけるⒷ保存度）」に関する測定項目の再整理と加除を行い、「木造の建物の耐力度調査票」について全面的な改定を行った。また、耐力度の測定に当たって昭和56年に施行された現行の耐震基準以前の基準で建てられた学校建物で既に実施されている耐震診断の結果を活用することで、調査並びに測定の作業負担の軽減を図っている点である。

　なお、時を重ねて活用され続けた木造建物は、それ自体が文化財的価値も有することが多く、木造建物の改築に対しては、改修技術の向上も考慮しながらこうした視点からの検討も別途行う必要がある。

1.1.2 適用範囲

　木造の学校建物の耐力度測定方法は、校舎、屋内運動場及び寄宿舎に適用され、建物の区分（校舎または寄宿舎か、屋内運動場か）によって方法を分けず、木造である限り一律に適用できる形式になっている。

　調査対象建物の建築年代、耐震診断の実施状況に応じて、以下の方法による評価を行う。

(1)　新耐震設計基準以前の建物で耐震診断が実施されていないもの

　昭和 56 年に施行された現行の耐震基準以前の基準で建てられた建物であるが、耐震診断が未実施であるものについては、耐震診断の手法を用いて、本編で示す耐震診断結果を用いた評価法による評価を行うか、第 6 章に示す従来の手法を改定した評価法による評価を行うか、いずれかの方法で評価を行う。

(2)　新耐震設計基準以前の建物で耐震診断が実施されているもの

　昭和 56 年に施行された現行の耐震基準以前の基準で建てられた建物であり耐震診断が実施されているものについては、本編で示す耐震診断結果を用いた評価法による評価を行う。耐力度調査時点で耐震診断実施から 10 年以上経過している場合など、診断時・補強時と状況の相違がある場合には、その値の妥当性について十分吟味する必要があり、Ⓑ健全度の調査と併せて建物調査を行い、その結果を耐震診断に反映して評価してもよい。また、耐震診断の結果と併せて、風荷重に対する検討を実施し、評価に反映する。

(3)　新耐震設計基準の建物

　昭和 56 年に施行されたいわゆる新耐震設計基準と呼ばれる現行の耐震基準に従って建てられた建物については、構造上の問題点がなければⒶ構造耐力の①保有耐力中の(a)水平耐力に関わる評点は満点（平成 12 年以前に対しては、柱頭・柱脚接合部、偏心に関するチェックを行い、保有耐力の低減係数の反映）とする。建築後の状態の変化があり構造耐力などが設計時の想定とは異なると考えられる場合については、現状を反映した耐震診断を行い、その結果に基づき評価してよい。さらに、地震で被災し原形復旧による補修工事を行った場合などの影響もⒶ構造耐力で反映する。

　昭和 25 年以降の木造校舎は、JIS A3301 で例示されているように、構造種別としては、筋かいや土壁といった耐力壁付軸組構造が主体であるが、昭和 62 年に建築基準法が改正され建築基準法施行令第 46 条 4 項の壁量規定によらない集成材構造建築物が建設可能となっており、木造のラーメン構造など様々な構造形式の木造校舎が建設されており、これらに対しても適用できるように配慮されている。また、鉄筋コンクリート造（以下、「RC 造」という）や鉄骨造（以下、「S 造」という）との混構造建物については、その木造部分について適用するようになっている。

4 第1章 概　要

1.2　耐力度測定項目の考え方

1.2.1　測定項目の組立て方

耐力度測定の項目は、

  Ⓐ　構造耐力   （100点満点）
  Ⓑ　健全度   （100点満点）
  Ⓒ　立地条件   （係数0.8〜1.0）

の3つの大項目で構成され、それらの評点の積で耐力度を算出し、10,000点満点で評価する。

3つの大項目の下にどのような中小項目を含めるか、また、それらをどのように組み合わせるかについては、木造の特徴を反映したものになっている。以下に今回の改定の概要について、1.2.2〜1.2.4項に各測定項目の組立て方の概要について述べる。

Ⓐ　構造耐力

構造耐力は、調査時点における耐震診断結果を利用することを原則としたため、既に構造耐力上重要な接合部の強度、壁の配置、構造耐力に与える経年劣化の程度は考慮されている。ただし、いわゆる新耐震設計基準の建物では構造耐力による減点を原則として考慮していないが、平成12年基準までは、前述の接合部、壁の釣合いのよい配置の確認は精神規定であったため、設計者によっては不十分なものが出来上がっている可能性がある。そこでそれらの影響をその程度に応じて減点できるように項目を設けている。

また、過去の地震による被災履歴についてもその影響を構造耐力に反映させることとした。

Ⓑ　健全度

旧手法では耐震診断の経年指標に対応する指標として「保存度」として設定されていたが、今回の改定に当たって、材料の劣化状況のみならず、梁のたわみや床鳴り、基礎の健全度など、建物の安全性や機能性の観点からの老朽化を評価する項目として追加、再整理した。

木造建物では、劣化部材でも部材交換により部材の健全度を回復することが可能なため、評価項目は、部材交換により回復が可能なものの項目の影響度は小さく、床振動など性能向上に大規模な改修が必要な項目の影響度は大きくなるように設定した。

Ⓒ　立地条件

旧手法では、「外力条件」として風力、地震力に関する項目として設定されていたが、今回の改定に当たっては他構造に併せて①地震地域係数、②地盤種別、③敷地条件、④積雪寒冷地域、⑤海岸からの距離を評価項目として、建物が置かれている自然環境に対する評価項目であることから、名称を「立地条件」とした。

なお、時を重ねて活用され続けた木造建物は、それ自体が文化財的価値も有することが多く、こうした視点からも木造建物の改修、長寿命化について検討をする必要がある。

1.2.2 構　造　耐　力

構造耐力の測定は、対象建物が現時点でどの程度の耐力を有しているかを評価するものである。一方、外壁等の安全性や機能性の観点からの老朽化、施工の善し悪しなどについては、健全度で考慮するようになっている。

構造耐力は次のような項目から構成されている。

①	保有耐力	（50 点満点）
②	構法の特性	（20 点満点）
③	基礎構造　β	（30 点満点）
④	地震による被災履歴 E	（係数 0.5〜1.0）

1.2.3 健　　全　　度

耐力度測定をする建物が新築以降に老朽化した度合いを評価するものであり、健全度は次のような項目から構成されている。

①	経年変化　T	（10 点満点）
②	木材の腐朽度　D	
	1）外壁土台・外壁柱	（20 点満点）
	2）床梁・小屋梁	（20 点満点）
③	基礎の状態　F	（20 点満点）
④	部材の傾斜、たわみ　R	
	1）柱の傾斜	（15 点満点）
	2）床梁のたわみ	（15 点満点）
⑤	床鳴り、振動障害　A	（係数 0.8〜1.0）
⑥	火災の被災経験　S	（係数 0.9〜1.0）
⑦	雨漏り痕の有無　U	（係数 0.9〜1.0）

1.2.4 立　地　条　件

建物の立地条件に応じて、将来の構造耐力及び健全度に影響を及ぼすと考えられる項目を測定するものであり、立地条件は次のような項目から構成されている。

①	地震地域係数	（係数 0.8〜1.0）
②	地盤種別	（係数 0.8〜1.0）
③	敷地条件	（係数 0.8〜1.0）
④	積雪寒冷地域	（係数 0.8〜1.0）

6　第1章　概　　要

⑤　海岸からの距離　　　　　　　　　　　　　　　　（係数 0.8〜1.0）

第 2 章　　耐力度調査票

別表第3

木造の建物の耐力度調査票
（表面）

I 調査学校

都道府県名	設置者名	学校名	学校調査番号

調査期間　平成　年　月　日～平成　年　月　日

調査者	職名	氏名	一級建築士登録番号	印
予備調査者	会社名	氏名	一級建築士登録番号	印

II 調査建物

棟番号	階数	建物区分	面積
	___＋___		一階面積　　㎡　／　延べ面積　　㎡

建物の経過年数

	建築年月	長寿命化年月	被災歴（種類・被災年）	補修歴（内容・補修年）	経過年数

IV 学校種別　／　III 結果　／　V 整理番号

	結果	点数	耐力度
Ⓐ 構造耐力	___点		Ⓐ×（Ⓑ×Ⓒ）
Ⓑ 健全度	___度		
Ⓒ 立地条件	___件		___点

(A) 構造耐力度

① 保有水平耐力 q

上部構造評点Iw　　qi＝Iw/1.1　　q＝min(qx,qy)

階	桁行方向	張間方向

判別式

判別式		評　（ア）
1.0≦q	1.0	
0.3＜q＜1.0	q	
q≦0.3	0.3	

床鳴り、振動障害 A

無し:0　軽微な床鳴り:1　多数の床鳴り:2　時々振動を感知:1　常に振動を感知:1

判別式

判別式		評
α＋β≦1	1.0	
α＋β＝2	0.9	
3≦α＋β	0.8	

⑥ 火災の被災経験 S

煙害程度:0　無被害:0　非構造材被害 小:1　非構造材被害 大:2　構造材被害 有:3　被害部を新材で補修:0

判別式

判別式		評
S≦1	1.0	
S＝2	0.95	
S＝3	0.9	

⑦ 雨漏り痕の有無 U

雨漏り痕無:0　一部有（乾燥）:0　多数有（乾燥）:0　一部有（湿潤）:2　多数有（湿潤）:3

判別式

判別式		評
U≦1	1.0	
U＝2	0.95	
U＝3	0.9	

評点合計

ロ＝（ホ＋ヘ＋ト）

	点	評
ニ（ヘ×50）		

(C) 立地条件

① 地震地域係数	② 地盤種別	③ 敷地条件	④ 積雪寒冷地域	⑤ 海岸からの距離	評価
四種地域　1.0	一種地盤　1.0	平坦地　1.0	その他地域　1.0	海岸から8kmを超える　1.0	
三種地域　0.9	二種地盤　0.9	傾斜地（3m未満）　0.9	二級積雪寒冷地域　0.9	海岸から8km以内　0.9	
二種地域　0.85	三種地盤　0.8	崖地（3m以上）　0.8	一級積雪寒冷地域　0.8	海岸から5km以内　0.8	
一種地域　0.8					

Ⓒ＝（①＋②＋③＋④＋⑤）/5 ＝ （　＋　＋　＋　＋　）/5 ＝

（裏面）

1. 調査建物の各階の平面図，断面図を単線で図示し，耐力壁は，他と区別できるような太線とする。

2. 寸法線と寸法（単位メートル）を記入する。

3. 余白に縮尺，建築年，延べ面積を記入する。

学 校 名

調 査 者 の 意 見

別表第３
（表面）

木造の建物の耐力度調査票

Ⅳ 学校種別	Ⅴ 整理番号

Ⅰ 調査学校	都道府県名	設置者名	学校名	学校調査番号	調査期間	平成　年　月　日～平成　年　月　日	
					調査者	職名	一級建築士登録番号	氏名　㊞
					予備調査者	会社名	一級建築士登録番号	氏名　㊞

Ⅱ 調査建物	建物区分	棟番号	階数	面積	建物の経過年数				被災歴		補修歴	
									種類	被災年	内容	補修年
			＋	一階面積　㎡	建築年月	年　月	長寿命化年月	年　月		年		年
				延べ面積　㎡	経過年数	年	経過年数	年				

Ⅲ 結果点数	
Ⓐ 構造耐力　点	耐力度
Ⓑ 健全度　点	Ⓐ×Ⓑ×Ⓒ
Ⓒ 立地条件　点	点

Ⓐ 構造耐力

項目		階		上部構造評点Iw	qi=Iw/1.1	q=min(qx,qy)	判別式		評点			評点合計
① 保有耐力	(a)水平耐力q		桁行方向				1.0≦q	1.0	㋐	㋒(㋐×㋑)	㋓(㋒×50)	㋙=(㋓+㋕+㋗)
			張間方向				0.3＜q＜1.0	q				
							q≦0.3	0.3				
	低減係数	接合K_j		偏心K_r		基礎K_f	判別式		㋑		点	〔㋙　点〕
							$K_j×K_r×K_f$=					

② 構法の特性	耐力壁等の種類による指数		評点	
	筋かい9cm以上　面材耐力壁	1.0	㋔	㋕(㋔×20)
	上記以外	0.6		
	方杖の取り付く柱の断面120角以下	0.6		点

③ 基礎構造 β	種別指数u		基礎の被害予測に関する指数p		β＝u×p	判別式		評点		
	基礎Ⅲ	0.8	液状化が予想される地域	0.8		1.0≦β	1.0	㋖	㋗(㋖×30)	Ⓐ＝㋙×㋘
	基礎Ⅱ	0.9	軟弱地盤	0.9		0.64＜β＜1.0	直線補間			
	基礎Ⅰ	1.0	上記に該当しない場合	1.0		β≦0.64	0.64		点	

④ 地震による被災履歴 E	過去の経験した最大の被災度				無被害被災経歴なし、新材で補修	評価	評点	
	軽微	小破	中破	大破			㋘	Ⓐ　点
	1.0	1.0	0.7	0.5	1.0			

Ⓑ 健全度

① 経年変化 T	経過年数t	判別式(建築時からの経過年数)	経過年数t_2	判別式(長寿命化改良後の経過年数)	評点		評点合計
	年	T=(40−t)/40＝	年	T=(30−t_2)/40＝	㋐	㋑(㋐×10)　点	㋟=(㋑+㋓+㋕+㋗+㋙+㋛)

② 木材の腐朽度 D		部位	外壁土台			外壁柱			判別式		評点		
	外壁土台・外壁柱	腐朽度の判定	腐朽長	外壁長	腐朽度d_1	腐朽本数	外壁柱本数	腐朽度d_2	max(d_1,d_2)≦0.3	1.0	㋒	㋓(㋒×20)	〔㋟　点〕
									0.3＜max(d_1,d_2)≦0.6	直線補間			
									0.6＜max(d_1,d_2)	0.5		点	
		部位	2階床梁			小屋梁			判別式		評点		
	床梁・小屋梁	腐朽度の判定	腐朽本数	床梁本数	腐朽度d_3	腐朽本数	小屋梁本数	腐朽度d_4	max(d_3,d_4)≦0.3	1.0	㋔	㋕(㋔×20)	
									0.3＜max(d_3,d_4)≦0.6	直線補間			
									0.6＜max(d_3,d_4)	0.5		点	

③ 基礎の状態 F	基礎の劣化			基礎の傾斜			判別式		評点		
	割れ有の基礎長	外周基礎全長	健全度d_f	相対沈下量	測定基礎長	沈下率ϕ_f	max(d_f,ϕ_f×100)≦0.2	1.0	㋖	㋗(㋖×20)	Ⓑ＝㋟×min(㋜,㋝,㋞)
							0.2＜max(d_f,ϕ_f×100)≦0.5	直線補間			
							0.5＜max(d_f,ϕ_f×100)	0.5		点	

④ 部材の傾斜、たわみ R		方向	張間方向			桁行方向			判別式		評点		
	柱の傾斜	傾斜率の測定	傾斜長	測定柱高	傾斜率r_1	傾斜長	測定柱高	傾斜率r_2	max(r_1,r_2)≦0.002	1.0	㋘	㋙(㋘×15)	Ⓑ　点
									0.002＜max(r_1,r_2)≦0.005	直線補間			
									0.005＜max(r_1,r_2)	0.5		点	
		部位	1階			2階			判別式		評点		
	床梁のたわみ	相対たわみの算定	たわみ量	最大スパン	相対たわみθ_1	たわみ量	最大スパン	相対たわみθ_2	max(θ_1,θ_2)≦0.002	1.0	㋚	㋛(㋚×15)	
									0.002＜max(θ_1,θ_2)≦0.005	直線補間			
									0.005＜max(θ_1,θ_2)	0.5		点	

⑤ 床鳴り、振動障害 A	床鳴りの有無α			振動障害の有無β			合計	判別式		評点
	無し:0	軽微な床鳴り:1	多数の床鳴り:2	無し:0	時々振動を感知:1	常に振動を感知:2	α＋β	α＋β≦1	1.0	㋜
								α＋β＝2	0.9	
								3≦α＋β	0.8	

⑥ 火災の被災経験 S	無被害:0	煙害程度:0	非構造材被害小:1	非構造材被害大:2	構造材被害有:3	被害部を新材で補修:0	判別式		評点
							S≦1	1.0	㋝
							S＝2	0.95	
							S＝3	0.9	

⑦ 雨漏り痕の有無 U	雨漏り痕無:0	一部有(乾燥):0	多数有(乾燥):1	一部有(湿潤):2	多数有(湿潤):3	判別式		評点
						U≦1	1.0	㋞
						U＝2	0.95	
						U＝3	0.9	

Ⓒ 立地条件

① 地震地域係数		② 地盤種別		③ 敷地条件		④ 積雪寒冷地域		⑤ 海岸からの距離		評価	評点
四種地域	1.0	一種地盤	1.0	平坦地	1.0	その他地域	1.0	海岸から8kmを超える	1.0	Ⓒ＝(①＋②＋③＋④＋⑤)/5	Ⓒ
三種地域	0.9	二種地盤	0.9	傾斜地 崖地（3ｍ未満）	0.9	二級積雪寒冷地域	0.9	海岸から8km以内	0.9	＝(＋＋＋＋)/5	
二種地域	0.85	三種地盤	0.8	崖地（3ｍ以上）	C.8	一級積雪寒冷地域	0.8	海岸から5km以内	0.8	＝	
一種地域	0.8										

（裏面）

1. 調査建物の各階の平面図、断面図を単線で図示し、耐力壁は、他と区別できるよう太線とする。

2. 寸法線と寸法（単位メートル）を記入する。

3. 余白に縮尺、建築年、延べ面積を記入する。

学校名

調査者の意見

方位

学校名

調査者名

第3章　　耐力度調査票付属説明書

12　第3章　耐力度調査票付属説明書

3.1　一　般　事　項

(1)　調査対象学校　　公立の小学校、中学校、義務教育学校、高等学校、中等教育学校、特別
　　　　　　　　　　支援学校及び幼稚園とする。

(2)　調査対象建物　　当該学校の木造の校舎、屋内運動場、寄宿舎とする。

(3)　調　査　単　位　　校舎、屋内運動場、寄宿舎の別に平屋部分、二階建部分別にさらに同一
　　　　　　　　　　棟で建築年、建築構造の異なる部分があるとき、または耐力度の著しく
　　　　　　　　　　異なる部分があるときは、その異なる部分ごとの範囲を調査単位とす
　　　　　　　　　　る。また、エキスパンションジョイントがある場合には別棟とみなす。
　　　　　　　　　　ただし、主棟に接続して建てられている便所、物置等の付属建物で、そ
　　　　　　　　　　の棟を改築する場合、当然とりこわされる部分は主棟に含めることがで
　　　　　　　　　　きる。

(4)　調　　査　　票　　公立学校施設費国庫負担金等に関する関係法令等の運用細目（以下、
　　　　　　　　　　「運用細目」という）の別表第3の様式とする。

(5)　そ　の　他　　木造以外の建物はRC造、S造または補強コンクリートブロック造
　　　　　　　　　　（以下、「CB造」という）の調査票を作成する。

3.2 測定方法　13

3.2 測 定 方 法

調査単位ごとに耐力度調査票（以下、「調査票」という。）を用い、以下の説明に従い測定する。

3.2.1 調査票のⅠ～Ⅲの記入方法

Ⅰ 調査学校	都 道 府 県 名	都道府県名を記入する。
	設 置 者 名	当該学校の設置者名を記入する。
	学 校 名	学校名は○○小、○○中のように記入する。
	学校調査番号	当該学校の施設台帳に登載されている調査番号を記入する。
	調 査 期 間	耐力度測定に要した期間を記入する。
	調 査 者 予備調査者	調査者の職名、建築士登録番号及び氏名を記入し、捺印する。予備調査者は欄外へ会社名、建築士登録番号及び氏名を記入し、捺印する。
Ⅱ 調査建物	建 物 区 分	調査単位の建物区分（校舎、屋内運動場及び寄宿舎の別）を記入する。
	棟 番 号	調査単位の施設台帳に登載されている棟番号（枝番号がある場合は枝番号まで）を記入する。
	階 数	調査単位の階数を（地上階数 ＋ 地下階数）のように記入する。
	面 積	調査単位の1階部分の床面積及び延べ面積を記入する。
	建 築 年 月 長寿命化年月	調査単位の建築年（和暦）及び月を記入する。（例）〔S45年3月〕 調査単位の長寿命化改良事業の工事が完了した年（和暦）及び月を記入する。
	経 過 年 数	耐力度測定時における新築からの経過年数を記入する。学校施設環境改善交付金交付要綱別表1第2項に記載する長寿命化改良事業を行った建物については、長寿命化改良事業の工事が完了した時点からの経過年数を括弧書きで併記する。いずれも1年に満たない端数がある場合は切り上げるものとする。
	被 災 歴	調査建物が災害を受けていた場合はその種類と被災年を簡明に記入する。地震で被災し、被災度区分判定が行われている場合には被災度も記入する。 （例）〔震災・小破／H23年〕
	補 修 歴	当該建物に構造上の補修を行った場合はその内容と補修年を簡明に記入する。 （例）〔土台等腐食部交換／H23年〕
Ⅲ 結果点数	Ⓐ 構 造 耐 力 Ⓑ 健 全 度	⎰ 判別式の結果…小数点第3位を四捨五入 ⎨ 評点…………小数点第2位を四捨五入（火災の被災経験、雨漏り痕の有無は小数点第3位を四捨五入） ⎱ 評点合計………小数点第1位を四捨五入
	Ⓒ 立 地 条 件	係数を小数点第2位まで記入する。
	耐 力 度	Ⓐ × Ⓑ × Ⓒ の計算をしたうえ、小数点第1位を四捨五入する。

3.2.2 Ⓐ構造耐力の記入方法

(1) 目的

この欄は耐力度測定を行う建物が現時点において、どの程度耐力があるかを評価するもので

14 第3章 耐力度調査票付属説明書

ある。

(2) 構造耐力の測定範囲

　耐力度測定は当該建物及びその設計図書によって建築年が異なるごとに行うが、Ⓐ—①保有耐力—(a)水平耐力、Ⓐ—②構法の特性については、建築年が異なる部分があっても棟全体について評価する。なお、水平耐力の測定には耐震診断結果を使用するので、診断時の建物区分・算定範囲等を確認して適切に結果を運用する必要がある。

　また、1棟のうち一部が基準点を下回り、かつ、取り壊し対象となる場合は、その部分を取り壊したものとして残りの部分の保有耐力等を再評価してもよい。

　設計図書は耐震診断・補強時のものを使用する。診断・補強時の設計図書で不足する場合には、原設計時の設計図書を参照するか、現地調査により不足分を追加して検討する。

　なお、耐震診断が未実施の建物については、耐震診断を実施し、本編で示す耐震診断結果を用いる手法(「木造の建物の耐力度調査票」)による評価を行うか、第6章に示す従来の手法(「耐震診断未実施建物の耐力度調査票」)によって構造耐力を評価する。

(3) 各欄の記入説明

① 保有耐力

　(a) 水平耐力：q

$$q = q_X \text{ または } q_Y \text{ のいずれか小さい方の値}$$

ここで、　$qi = $ X方向または Y方向の I_W 値/1.1 （i：X または Y）

判別式　　$1.0 \leqq q$　　…………1.0

　　　　　$0.3 < q < 1.0$…………計算の値

　　　　　$q \leqq 0.3$…………0.3

　なお、昭和56年6月1日以降に建設されたものは、水平耐力の評点を1.0と評価する。ただし、接合と配置に応じて、以下の低減係数0.5〜1.0を考慮し、qを求める。

$$q = 1.0 \times K_j \times K_r \times K_f$$

　　　　　$0.5 < q \leqq 1.0$…………計算の値

　　　　　$q \leqq 0.5$…………0.5

　(b) 接合金物：K_j

　　接合Ⅰ　　1.0　引き寄せ金物など

　　接合Ⅱ　　0.9　羽子板ボルト、山形プレートVP、かど金物CP-T、CP-L、込み栓

接合Ⅲ 　　0.8　　ほぞ差し、釘打ち、かすがい等（構面の両端が通し柱の場合）

接合Ⅳ 　　0.7　　ほぞ差し、釘打ち、かすがい等

ただし、耐震診断を実施している建物と平成 12 年 6 月 1 日以降に建設された建物については、$K_j = 1.0$ とする。

(c)　偏心：K_r

偏心率の計算値 R_e が求められている場合

0.15 以下　　　　　　　　1.0

0.15 超〜0.45 未満　　$1.0/(3.33R_e + 0.50)$

0.45 以上　　　　　　　　0.5

偏心率の計算値 R_e が求められていない場合

外周壁面で壁長の少ない方を多い方で割った値	1/2 以上	1.0
同上	1/2 未満 1/3 以上	0.8
同上	1/3 未満 1/4 以上	0.7
同上	1/4 未満	0.5

ただし、耐震診断を実施している建物と平成 12 年 6 月 1 日以降に建設された建物については、$K_r = 1.0$ とする。

(d)　基礎構造：K_f

基礎Ⅰ　　1.0　　健全な RC 造の布基礎またはべた基礎

基礎Ⅱ　　0.9　　ひび割れのある RC 造の布基礎またはべた基礎、無筋コンクリートの布基礎（軽微なひび割れを含む）、柱脚に足固めを設けた玉石基礎

基礎Ⅲ　　0.8　　その他の基礎

ただし、耐震診断を実施している建物については、$K_f = 1.0$ とする。

②　構法の特性

構法上の特性により以下のように判断する。

筋かいの断面のうち小さい方の寸法が 9 cm 以上の筋かい、面材耐力壁の場合	1.0
上記以外の場合	0.6
方杖が 120 角以下の柱（合わせ柱の場合を除く）	0.6

③　基礎構造：β

当該建物の基礎及び敷地地盤について、基礎構造の地震被害に関する指標 β を下式により算出して評価する。

$$\beta = u \cdot p$$

ここで、

16　第3章　耐力度調査票付属説明書

u：当該基礎の種類に応じた下記の値

基礎Ⅲ　以下に該当しない基礎　　　　　　　　　　　　　　　　　　　　　0.8

基礎Ⅱ　ひび割れのある RC 造の布基礎またはべた基礎、無筋コンクリートの

布基礎（軽微なひび割れを含む）、柱脚に足固めを設けた玉石基礎　0.9

基礎Ⅰ　健全な RC 造の布基礎またはべた基礎　　　　　　　　　　　　　1.0

p：基礎の被害予測に関する下記の項目のうち、該当する最小の値とする。

液状化が予想される地域である　　　　0.8

軟弱地盤である　　　　　　　　　　　0.9

上記に該当しない場合　　　　　　　　1.0

判別式　　　$1.0 \leqq \beta$ または測定しない場合 ……………1.0

$0.64 < \beta < 1.0$　　　　　　…………直線補間

$\beta \leqq 0.64$　　　　…………0.64

④　地震による被災履歴：E

当該建物が現在までに受けた被害のうち、被災度が最大のもので評価する。なお、ここで被災度は、日本建築防災協会「震災建築物の被災度区分判定基準および復旧技術指針」[1] により定義されるものである。なお、簡易な補修による原形復旧が行われている場合に被災度に応じた低減を行うこととし、部材を新たに交換することにより全ての被災部材について補修がなされている場合には低減係数を 1.0 とする。

無被害〜小破　　　1.0

中破　　　　　　　0.7

大破　　　　　　　0.5

3.2.3　Ⓑ健全度の記入方法

(1)　目的

この欄は耐力度測定を行う建物が建築時以降に老朽化した度合を調べ、構造体の劣化を評価するものである。

(2)　健全度の測定範囲

測定は建築年や建築構造が異なる建物ごとに行うものとするが、測定項目によっては建物内の代表的な室（最も老朽化が進行していると思われる室）を一つ抽出して健全度測定を行うものとする。

(3) 各欄の記入説明

① 経年変化：T

　当該建物の耐力度測定時における建築時からの経過年数 t、または長寿命化改良事業を行った時点からの経過年数 t_2 に応じて経年変化 T を下式により計算する。

1) 建築後、長寿命化改良事業実施前

　当該建物の耐力度測定時における、建築年からの経過年数 t に応じて、経年変化 T を下式により計算する。ただし、T がゼロ以下の場合は、$T = 0$ とする。

$$T = (40 - t)/40$$

ここで、　t：建築時からの経過年数

2) 長寿命化改良事業実施後

　当該建物の耐力度測定時における、長寿命化改良事業を行った時点からの経過年数 t_2 に応じて、経年変化 T を下式により計算する。ただし、T がゼロ以下の場合は、$T = 0$ とする。

$$T = (30 - t_2)/40$$

ここで、　t_2：長寿命化改良事業実施後の経過年数

② 木材の腐朽度：D

　建物全体の外壁土台と外壁柱、及び最も老朽化が進行していると思われる室における１階大引きもしくは２階床梁と小屋梁のそれぞれについて、以下の方法に従い腐朽度を判定する。

1) 外壁土台と外壁柱の腐朽度

　(a) 外壁土台

　　測定対象建物の外壁土台の延長、及びそのうちの腐朽している土台の延長を記入し、両者の比（$d_1 =$ 腐朽材の延長／外壁土台の延長）を求める。

　(b) 外壁柱

　　測定対象建物の外壁柱の本数、及びそのうちの腐朽している外壁柱の本数を記入し、両者の比（$d_2 =$ 腐朽材の本数／外壁柱の本数）を求める。

　次に、d_1 と d_2 の最大値を基に判別を行う。

　判別式　　　　　$\max(d_1, d_2) \leqq 0.3$ ………… 1.0

　　　　　　$0.3 < \max(d_1, d_2) \leqq 0.6$ ………… 直線補間

　　　　　　$0.6 < \max(d_1, d_2)$ 　　 ………… 0.5

2) 床梁と小屋梁の腐朽度

　(a) 床梁

　　測定対象建物の中から最も老朽化が進行していると思われる室を抽出し、１階大引きも

18 第3章 耐力度調査票付属説明書

しくは2階床梁の本数、及びそのうちの腐朽している大引き・床梁の本数を記入し、次に両者の比（$d_3 =$ 腐朽本数／床梁本数）を求める。

⒝ 小屋梁

測定対象建物の中から最も老朽化が進行していると思われる室を抽出し、小屋梁の本数、及びそのうちの腐朽している小屋梁の本数を記入し、両者の比（$d_4 =$ 腐朽本数／小屋梁本数）をとる。

次に、d_3 と d_4 の最大値を基に判別を行う。

判別式
$$\max(d_3, d_4) \leqq 0.3 \cdots\cdots 1.0$$
$$0.3 < \max(d_3, d_4) \leqq 0.6 \cdots\cdots 直線補間$$
$$0.6 < \max(d_3, d_4) \qquad \cdots\cdots 0.5$$

③ 基礎の状態：F

建物全体の外周布基礎について、割れの有無による劣化の評価と、不同沈下量による傾斜を計測する。

⒜ 基礎の劣化

建物外周基礎長さと、割れを有する基礎長さの比を取り、基礎の健全度 d_f とする。割れを有する基礎長さとは、割れの両側2mずつの範囲を含めた長さをいう。

$$d_f = l_d/l$$

ここで、 l_d：割れを有する基礎長さ

l：建物外周基礎全長

⒝ 基礎の傾斜

建物外周基礎の沈下量測定を行い、相対沈下量の最大値を元に算出した沈下率 ϕ_f により評価する。

$$\phi_f = \delta/l$$

ここで、 δ：相対沈下量

l：測定基礎長さ

次に、⒜、⒝の結果を基に判別を行う。

判別式
$$\max(d_f, \phi_f \times 100) \leqq 0.2 \cdots\cdots 1.0$$
$$0.2 < \max(d_f, \phi_f \times 100) \leqq 0.5 \cdots\cdots 直線補間$$
$$0.5 < \max(d_f, \phi_f \times 100) \qquad \cdots\cdots 0.5$$

④ 部材の傾斜、たわみ：R

柱の傾斜、及び床梁のたわみについて、以下の方法に従い判別する。

1) 柱の傾斜

　測定対象建物の中から最も老朽化が進行していると思われる室の柱のうち、張間方向に最大傾斜している柱及び桁行方向に最大傾斜している柱について、高さ 1.8 m 当たりの上部と下部の垂直線間の水平距離を測る。

$$傾斜率 (r_1, r_2) = \delta/l$$

ここで、　r_1, r_2：張間方向、桁行方向の傾斜率

　　　　　δ：傾斜長 (cm)

　　　　　l：測定柱高さ $(= 180 \text{ cm})$

次に、r_1、r_2 の結果を基に判別を行う。

判別式　　　　　　　$\max(r_1, r_2) \leqq 0.002$ ………… 1.0

　　　　　　$0.002 < \max(r_1, r_2) \leqq 0.005$ ………… 直線補間

　　　　　　$0.005 < \max(r_1, r_2)$　　　　………… 0.5

2) 床梁のたわみ

　測定対象建物の中から最も老朽化が進行していると思われる室の床梁 1 箇所（1 階は大引き 1 箇所）についてたわみ量の測定を行い、相対たわみ (θ_1, θ_2) の最大値により評価する。

$$相対たわみ (\theta_1, \theta_2) = \delta/L$$

ここで、　θ_1, θ_2：1 階及び 2 階の相対たわみ (rad)

　　　　　δ：最大たわみ (cm)

　　　　　L：梁または大引きのスパン (cm)

次に、θ_1、θ_2 の結果を基に判別を行う。

判別式　　　　　　　$\max(\theta_1, \theta_2) \leqq 0.002$ ………… 1.0

　　　　　　$0.002 < \max(\theta_1, \theta_2) \leqq 0.005$ ………… 直線補間

　　　　　　$0.005 < \max(\theta_1, \theta_2)$　　　　………… 0.5

⑤　床鳴り、振動障害：A

床鳴りと振動障害については、調査者の判断により以下のように判別する。

　(a)　床鳴りの有無：α

　　建物内の全ての室の床について、床鳴りの有無、あるいはその程度を判別する。

　　　床鳴りのする室が全くない場合　　　　　　$\alpha = 0$

　　　床鳴りのする室が 2 割程度以下の場合　　　$\alpha = 1$

　　　床鳴りのする室が 2 割程度以上の場合　　　$\alpha = 2$

　(b)　振動障害の有無：β

　　測定対象建物の中の最も老朽化が進行していると思われる室において、交通振動などの

20 第3章 耐力度調査票付属説明書

振動を感じるか否かで判別する。

振動を感じない、ほとんど感じない	$\beta = 0$
時々不快な振動を感じる	$\beta = 1$
常に不快な振動を感じる	$\beta = 2$

次に、(a)、(b)の結果を基に判別を行う。

判別式

$$\alpha + \beta \leqq 1 \cdots\cdots\cdots 1.0$$
$$\alpha + \beta = 2 \cdots\cdots\cdots 0.9$$
$$3 \leqq \alpha + \beta \quad \cdots\cdots\cdots 0.8$$

⑥ 火災の被災経験：S

建物全体における火災の被災経験については、その被害程度により以下のように判別する。

被災経験無し	$S = 0$
煙害程度の被災経験あり	$S = 0$
非構造材が燃焼する被害が一部にある	$S = 1$
非構造材が燃焼する被害が比較的大きい	$S = 2$
構造材が一部燃焼する被害あり	$S = 3$
燃焼した構造材を全て新材で補修	$S = 0$

次に、以下に従い判別を行う。

判別式

$$S \leqq 1 \cdots\cdots\cdots 1.0$$
$$S = 2 \cdots\cdots\cdots 0.95$$
$$S = 3 \cdots\cdots\cdots 0.9$$

⑦ 雨漏り痕の有無：U

建物全体の小屋裏空間あるいは内壁面に雨漏り痕が見られる場合には、その程度により以下のように判別する。

雨漏り痕無し	$U = 0$
小屋裏あるいは内壁に一部雨漏り痕あり（乾燥状態）	$U = 0$
小屋裏あるいは内壁に多数の雨漏り痕あり（乾燥状態）	$U = 1$
小屋裏あるいは内壁に一部雨漏り痕あり（湿潤状態）	$U = 2$
小屋裏あるいは内壁に多数の雨漏り痕あり（湿潤状態）	$U = 3$

次に、以下に従い判別を行う。

判別式

$$U \leqq 1 \cdots\cdots\cdots 1.0$$
$$U = 2 \cdots\cdots\cdots 0.95$$
$$U = 3 \cdots\cdots\cdots 0.9$$

3.2.4 ©立地条件の記入方法

(1) 目的

この欄は耐力度測定を行う建物の立地条件について調べるものである。

(2) 各欄の記入説明

① 地震地域係数

地域区分は建設省告示第1793号（最終改正：平成19年国土交通省告示第597号）第1に基づき、該当するものを○で囲む。

② 地盤種別

地盤種別は基礎下の地盤を対象とし建設省告示第1793号（最終改正：平成19年国土交通省告示第597号）第2に基づき、該当するものを○で囲む。

③ 敷地条件

建物が崖地の上端近くや傾斜地に建設されている場合には、該当するものを○で囲む。

④ 積雪寒冷地域

積雪寒冷地域は義務教育諸学校等の施設費の国庫負担等に関する法律施行令第7条第5項の規定に基づき、該当する地域区分を○で囲む。

⑤ 海岸からの距離

当該建物から海岸までの直線距離に該当する区分を○で囲む。

3.2.5 図面の記入方法

調査対象建物の平面図、断面図等を記入する。

建築年が異なる場合は、1棟全体を記入し、調査対象の範囲を明示する。

第 4 章　　耐力度調査票付属説明書の解説

24　第4章　耐力度調査票付属説明書の解説

⑴　耐力度調査の特徴及び耐震診断との関係

　今回の改定では木造の耐力度測定方法は、基本的に構造耐力に耐震診断結果を利用することとしている。耐震診断は、当該建物が地震に対してどの程度耐え得る力を有しているかについて、構造力学上から診断するものであり、公立学校施設においても耐震診断を実施し、構造耐震指標：I_W 等を求め、これらによって耐震補強・改築の判断が行われている。一方、耐力度調査では当該建物の耐震性能を構造耐力で評価することに加え、耐力低下及び機能面に関する老朽化の程度を健全度で調査し、さらに将来にわたって構造耐力と健全度に影響すると思われる環境要因を立地条件として加味して改築の要否を総合的に判定する。特に健全度の持つウエイトが高くなっていることが耐力度調査の特徴であり、健全度や立地条件に問題がある場合にも低い評価となる。

　耐震診断は地震に対する安全性の高い建物の発見（すなわち、評価の高いものの発見）を目的としている。このことは、耐力度調査が構造上の危険性に主眼を置いた老朽化建物の発見（すなわち、評価の低い建物の発見）を目的としていることと好対照をなしている。

　このように、両者にはそれぞれ違った特徴があるので、同じ建物に適用しても同様の結果になるとは限らない。例えば、耐震診断は構造耐力、特に耐震性能が不足している建物に用いると低い評価が得られる。

　なお、一般化した判定基準でカバーしきれない特殊な事情のある建物は、専門家の鑑定等に基づく個別審査による。例えば、特殊な構造方式を用いているもの、何らかの原因で木材の腐朽や蟻害が進行したもの、躯体の状態が健全でない、地盤や基礎に起因する障害が発生しているような場合である。

　本耐力度測定方法と関係深い耐震設計法、耐震診断法のこれまでの動向を振り返ってみる。木造校舎は、関東大地震以降、ひきつづく地震・台風・出水の災害によって被った被害は極めて大きく、標準化の研究を蓄積していくこととなる。昭和2年には、震災予防調査会報告 vol.101[2] の「木造小学校建築耐震上ノ注意」で、小学校建築が住家、商店等の小規模建築と同様の工法で建てられている問題点を新築する場合とともに既存の校舎に対する耐震的手法の要旨を列挙している。ここで既に、小学校建築の耐震診断・耐震補強が考えられている。具体的には、小学校管理者に対し校舎の構造を精細に検査し、不完全な場合、補強して地震に際し安全を期すこととし、

　・腐朽がある場合新材にとりかえること

　・方杖、筋かいの如き斜材を以て可及的に多く三角形を構成すること

　・柱と梁の接合部を緊結すること

　・柱が折れないよう接合部の柱を補強すること

としている。

　昭和9年の室戸台風での木造小学校校舎の被害をうけて日本建築学会では、木造規準調査委員会を設け、木造建築物の風災に関する検討を開始した。昭和10年、2階建木造小学校校

舎教室の構造設計案が作成され実大実験が、その後「木造小学校々舎骨組試験」（昭和11.12、昭和12.8）が行われ、昭和13年「木造2階建小学校校舎構造一案」としてまとめられた。この中では、市街地建築物法で規定のなかった風に対する検討が盛り込まれていた。

昭和14年の但馬地震、昭和23年の福井地震における木造校舎の地震被害に対して木造小学校校舎の構造研究が進むなか、昭和23年5月には、木造校舎に関する規格として「日本建築規格 小学校建物（木造）JES1301」が制定され、昭和24年には、「日本建築規格 木造小学校建物 JES1302」「日本建築規格 木造中学校建物 JES1303」が制定される（これに伴い、JES1301は廃止）。同年3月、日本建築学会より「木構造計算規準・同解説 附木造学校建物規格の構造計算」[3]が発刊される（図4.1参照）。同年5月には、それまでに行われた部材や継手・仕口の既往の実験結果を取り入れて作成された規格木造校舎の実大振動実験が行われ、水

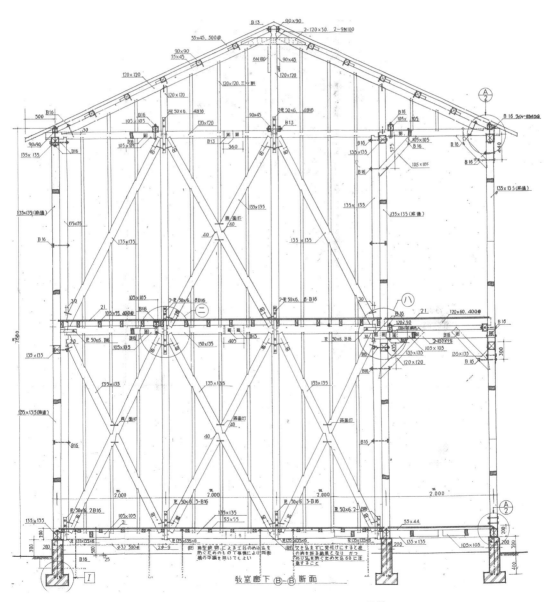

図 4.1　附木造学校建物規格の構造計算[3]

26　第4章　耐力度調査票付属説明書の解説

平震度 0.35 の地震荷重に対して安全であることが検証されている。耐震要素と考えられている方杖がとりつく1階の柱での曲げ破壊を考慮して添え柱を設置している点が大きく変化している。この学会規準、JES（現 JIS）がこれ以降の木造校舎の標準形となり改良を加えられながらも全国に建築されることになる。

　昭和 27 年には、文部省が日本建築学会に対し校舎の危険度判定基準の作成を依頼し、昭和 28 年には、試験的に各都道府県の教育委員会に試案として流された。昭和 28 年度から義務制学校の危険校舎改築費に対して補助がなされることになり、危険校舎改築促進臨時措置法が同年7月に成立した。上記の判定基準を用いて学校建物の耐力度調査票がまとめられ、耐震診断が行われている。

　近年、木造校舎の耐震診断が多く実施されるようになった。木造建物の耐震診断法としては、木造住宅用に日本建築防災協会から平成 16 年（平成 24 年改訂）に「木造住宅の耐震診断と補強方法」[4] が、重要文化財建造物用に文化庁文化財保護部から「重要文化財（建造物）耐震診断指針」[5] が刊行されている。しかし、いずれも戸建住宅を対象とした診断法あるいは、伝統工法を対象とした診断法であり、明治期以降の近代木造の木造校舎の耐震診断にそのまま適用するのは問題がある。一方で、構造工学に基づいた近代木造建築であれば、構造システムは明解であり、「木造住宅の耐震診断と補強方法」に準拠しながら耐震診断を行うことができる。

　木造住宅用に作成された診断法を用いて木造校舎を耐震診断するには、以下の点に注意する必要がある。

1）地震時荷重は住宅とは異なるので木造校舎等として地震時荷重を算定する必要がある。

2）木造住宅と比較して木造校舎等の階高は高いので耐力算定時に階高補正が必要となる。併せて接合部による低減係数についても、階高を考慮した修正が必要である。

3）校舎は教室など比較的大きな空間を構成しているため水平構面剛性に対する検討が必要となる。

　1）の地震時荷重については、学校建築では住宅と地震時積載荷重が異なるが、間仕切壁が少なく、階高が高くても住宅よりむしろ単位面積当たり重量は小さくなる場合が多い。

　木造校舎用の耐震診断法が整備されたのは、日本建築防災協会から平成 24 年に改訂された「木造住宅の耐震診断と補強方法」[4] であり、この中で精密診断法2として、許容応力度計算などにより耐震診断を行うことができるようになっている。

　また、木造住宅については平成7年兵庫県南部地震での既存木造住宅の被害の原因として、耐力壁周辺の柱頭、柱脚接合部の接合不良や耐力壁の配置による偏心の影響などがあげられた。これに対して平成 12 年の建築基準法改正では、接合部については N 値計算、偏心については4分割法などの検証法が整備され壁量計算についてもより精度の高い耐震安全性検証ができることとなった。

　今回改定した耐力度測定方法では、こうした背景を踏まえ、耐震安全性については、壁を主

な耐震要素とする通常の木造建物では実際に建物に配置された壁量を積算して評価を行い、屋内運動場や近年の集成材建築など壁以外の耐震要素に大きく依存する木造建物では構造計算をもとにした耐震診断法（精密診断法）結果を利用することで評価を行えるようにしている。

(2) 耐力度調査に関する法律・政令・告示の改正

　昭和29年度に作成された木造建物の耐力度調査は、平成8年度に改定され、それ以降に行われた耐力度調査に関係する法律・政令・告示の改正は、表4.1の通りである。

表 4.1　木造建物に関係する法律・政令・告示の改正

項目	改正日	法令・政令	条文番号	改正内容（概要）
規制強化				
構造	昭和 56 年 6 月	政	第 46 条	必要壁量を強化。
構造	昭和 56 年 6 月	政	第 47 条	木造建築物の継手又は仕口において、局部応力が生じる場合の補強についての規定を新設。
構造	昭和 62 年 11 月	政	第 46 条	一定規模以上の木造建築物について、面積の算出方法を厳格化。
構造	昭和 62 年 11 月	政	第 47 条	木造建築物の継手又は仕口の形状、接合部材の種類等の技術基準を明確化。
構造	平成 12 年 6 月	政	第 43 条	3 階建て以上の木造建築物の柱の小径の基準について、実験による特例規定を削除。
構造	平成 12 年 6 月	政	第 46 条	耐力壁の配置方法に関する技術基準を明確化。
構造	平成 12 年 6 月	政	第 47 条	継手、仕口の形状、接合部材の種類等の技術基準を明確化。
規制緩和				
構造	昭和 56 年 6 月	政	第 79 条	布基礎の立ち上がり部分の鉄筋のかぶり厚さの規定を緩和。
構造	平成 12 年 6 月	政	第 46 条	大断面の集成材等を用いて建築される木造建築物の特例規定の新設。
構造	平成 15 年 7 月	政	第 67 条	構造計算をすることでボルト接合を使用することができる建築物を規定。
防火	昭和 62 年 11 月	政	第 62 条	準防火地域内の木造 3 階建て建築を許容。
防火	昭和 62 年 11 月	政	第 21 条	大断面構造建築物の高さ制限の緩和（燃えしろ設計の導入）。
防火	平成 5 年 6 月	政	第 129 条の 2 の 3	木造建築物に係る高さ制限の合理化（地階を除く階数が 3 のものの建築許容）。
防火	平成 5 年 6 月	政	第 27 条	木造 3 階建ての共同住宅の防火・準防火地域以外の建築許容。
防火	平成 11 年 6 月	政	第 27 条	木造 3 階建て共同住宅の準防火地域の建築許容。
防火	平成 27 年 6 月	政	第 21 条	木造 3 階建て校舎の 1 時間準耐火構造での建築許容。
防火	平成 27 年 6 月	政	第 27 条	3000 m² を超える建築物の区画による面積制限の緩和。

28　第4章　耐力度調査票付属説明書の解説

また、平成7年に「建築物の耐震改修の促進に関する法律（耐震改修促進法）」が制定され、「木造住宅の耐震診断と補強方法」（平成16年、平成24年改訂）で木造建物の耐震改修技術が整備されている。平成24年の改訂では、表4.1に示す法改正の項目にも対応している。

⑶　旧手法での木造建物の耐力度調査の問題点

　旧手法での木造建物の耐力度測定方法は、一般の小規模な木造建物で用いられる壁量計算と同様に、無開口壁の量と各部の仕様に基づいて耐力度を算出するものとしていた。耐震要素としては、筋かいや土壁、方杖といった従来の木造建物に用いられるものを想定しており、より耐震性能の高い構造用合板などを使用した面材耐力壁を評価できない。また、平成12年に建築基準法で明示された継手、仕口の形状、接合部材の種類等の技術基準や耐力壁の配置方法に関する検討がなされていない。

　一方、昭和62年以降の木造建築では、壁量計算だけでなくRC造やS造と同様に詳細な構造計算を実施して建設されている木造建物も多くあり、これらの建物には適用しにくい。

　そこで、本改定では、現行の木造住宅の耐震診断法と同様に構造計算を前提として、様々な耐震要素の性能を数値化して評価することとしている。このため、既に耐震診断が実施されている木造建物では、耐震診断の結果を活用できるようにするとともに、耐震診断未実施の木造建物についても耐震要素の長さを算定して耐力度を算出するように改定している。

⑷　測定項目

　木造建物の耐力度測定は、構造耐力、健全度、立地条件について行うことになっており、全ての項目を必ず測定することになっている。

4.1 構 造 耐 力

　構造耐力の測定は、対象建物が構造耐力上どの程度の性能があるかを評価するものでありその性能を保有耐力と地震による被災履歴に基づいて評価することを原則としている。保有耐力は直接的に耐震診断の上部構造評点 I_W と関連し、被災による耐力低下を考慮して、本耐力度測定方法とした。昭和 56 年 6 月 1 日以降に建設された建物は基本的に水平耐力を 1.0 とできるが、平成 12 年 6 月 1 日以降に建設された建物については接合金物、壁の配置に加え、基礎構造が不十分な場合に低減するものとした。構法の特性は層間変形角に密接に関係する耐力壁の仕様や方杖に取り付く柱を判断要素として、評価するものとした。筋かい耐力壁は同じ上部構造評点であっても圧縮筋かいの座屈などにより非構造部材などに大きな被害を与えることによる。基礎構造の地震被害は上部構造が健全であってもこれまでの地震で多く見られたものであり、重要な項目であるので、地震時における被害発生の可能性を評価する項目として本耐力度測定方法に取り入れられたものである。これらの項目の配点は、保有耐力 50 点、構法の特性 20 点、基礎構造 30 点で、これらの合計点に過去の地震被災履歴で、簡易な補修で済ましている建物については構造耐力の低減係数 0.5〜1.0 を考慮する。損傷部材を交換などして補修している場合には被災履歴の低減はないものとした。

4.1.1　保 有 耐 力

---

①　保有耐力

　(a)　水平耐力：q

　　　　　　$q = q_X$ または q_Y のいずれか小さい方の値

ここで、　　$qi = X$ 方向または Y 方向の I_W 値$/1.1$　$(i：X$ または $Y)$

判別式　　　$1.0 \leqq q$　……………1.0

　　　　　　$0.3 < q < 1.0$……………計算の値

　　　　　　$q \leqq 0.3$……………0.3

　なお、昭和 56 年 6 月 1 日以降に建設されたものは、水平耐力の評点を 1.0 と評価する。ただし、接合と配置に応じて、以下の低減係数 0.5〜1.0 を考慮し、q を求める。

　　　　　　$q = 1.0 \times K_j \times K_r \times K_f$

　　　　　　$0.5 < q \leqq 1.0$……………計算の値

　　　　　　$q \leqq 0.5$……………0.5

30　第4章　耐力度調査票付属説明書の解説

(b)　接合金物：K_j

接合Ⅰ　　1.0　引き寄せ金物等

接合Ⅱ　　0.9　羽子板ボルト、山形プレート VP、かど金物 CP-T、CP-L、込み栓

接合Ⅲ　　0.8　ほぞ差し、釘打ち、かすがい等（構面の両端が通し柱の場合）

接合Ⅳ　　0.7　ほぞ差し、釘打ち、かすがい等

ただし、耐震診断を実施している建物と平成12年6月1日以降に建設された建物については、$K_j = 1.0$ とする。

(c)　偏心：K_r

偏心率の計算値 R_e が求められている場合

0.15 以下	1.0
0.15 超〜0.45 未満	$1.0/(3.33Re + 0.50)$
0.45 以上	0.5

偏心率の計算値 R_e が求められていない場合

外周壁面で壁長の少ない方を多い方で割った値	1/2 以上	1.0
同上	1/2 未満 1/3 以上	0.8
同上	1/3 未満 1/4 以上	0.7
同上	1/4 未満	0.5

ただし、耐震診断を実施している建物と平成12年6月1日以降に建設された建物については、$K_r = 1.0$ とする。

(d)　基礎構造：K_f

基礎Ⅰ　　1.0　健全な RC 造の布基礎またはべた基礎

基礎Ⅱ　　0.9　ひび割れのある RC 造の布基礎またはべた基礎、無筋コンクリートの布基礎（軽微なひび割れを含む）、柱脚に足固めを設けた玉石基礎

基礎Ⅲ　　0.8　その他の基礎

ただし、耐震診断を実施している建物については、$K_f = 1.0$ とする。

(1) 水平耐力 q について

q_X、q_Y は「木造住宅の診断診断と補強方法」[4] の精密診断法 2 に従って算定された上部構造評点 I_W を使用することを原則とする。このとき、地域係数の影響は立地条件で考慮するため、地域係数を $Z = 1.0$ として計算した値とする。耐震診断による I_W には耐震性能に関する経年劣化の影響が加味されていることから、q_X、q_Y は現時点での耐震性能値を表す指標となる。一方、耐力度調査の健全度については、仕上材や設備を含んだ機能面の劣化度を示す指標であり、診断で考慮される劣化度とは意味合いが異なる。したがって、q_X、q_Y 算定時に使用する I_W の値がかなり前に実施された耐震診断の結果である場合には、耐力調査時点における劣化度の妥当性を確認しておく必要がある。

学校施設の耐震化においては、「木造住宅の耐震診断と耐震補強方法」[4] のうち一般に精密診断法が適用され、その判定値は 1.1 とされることが多い。そこで、q_X、q_Y は各方向のいずれか小さい方の I_W をこの判定値 1.1 で除し、検定値の形で表すこととした。

前述のように、q_X、q_Y の算定では精密診断法による診断結果の使用を原則とするが、住宅との違い、例えば、階高や重量の考慮、水平構面の荷重伝達を確認した木造校舎等に限っては、一般診断法による耐震診断の結果 I_W として算定してもよい。

耐震診断を実施している建物については、診断 I_W 値に K_j、K_r、K_f が考慮されているため、それらの係数は 1.0 としてよいことにしている。さらに、平成 12 年 6 月 1 日以降に建設された建物は、接合部 K_j と偏心 K_r については設計時に配慮がなされていることを反映し、1.0 としてよいことにした。

(2) 新耐震設計基準の建物の取り扱いについて

現行の耐震基準（新耐震設計基準）に従って建てられた建物についても、基本的に耐震診断結果に基づく評価法による評価とする。昭和 56 年 6 月 1 日以降に建設された建物は現行の壁量を満足しており、これまでの地震被害状況から当該建物には十分な壁量が備わっていると考えられる。一方で、平成 12 年までは、当時の建築基準法施行令では接合部の緊結と壁の釣合いよい配置を精神規定的に求めているだけで具体的な仕様規定ではない。また、RC 造基礎であっても鉄筋量やかぶりが足りないことも指摘されている。以上のように設計によっては接合部の緊結、壁の釣合いよい配置、堅固な基礎とならず、不十分な場合があり、それらは平成 7 年の兵庫県南部地震における被害でも指摘されているところである。そこで耐震診断と同様の方法を用いてこの影響を考慮し、低減することとしている。なお、判別式において q が 0.5 未満であっても 0.5 を下限とした。これは地震による被害を受けている場合であっても、昭和 56 年以降に建てられた建物はそれ以前に比べれば極端に大きな被害となっていないことを考慮した結果である。なお、平成 12 年以降の建物については接合金物、壁の釣合いのよい配置などについても仕様規定などによって性能が確保されているので、q の評点は満点とする。以下に、接合部、壁の釣合い、基礎、それぞれの低減係数の考え方と根拠について参考までに示

32　第4章　耐力度調査票付属説明書の解説

しておく。

接合部の低減：K_j

接合部の低減は耐震診断の「壁端柱の柱頭・柱脚接合部の種類による耐力低減係数」（表4.2）を用いて、一般的に用いられる筋かいを 90×90 以上（端部金物ありの場合壁の基準耐力 4.8、端部金物なしの場合壁の基準耐力 2.9）に木ずり（壁の基準耐力 1.1）と化粧合板（壁の基準耐力 1.0）の合計 5.0～6.9 から、縦軸の壁基準耐力 4.0 以上 6.0 未満と 6.0 以上の基礎仕様Ⅰより決定した。基礎仕様についての低減は別途なされる。

表4.2　接合部の低減 K_j

壁の基準耐力（kN/m）		2.5 未満			2.5 以上 4.0 未満			4.0 以上 6.0 未満			6.0 以上		
基礎の仕様		Ⅰ	Ⅱ	Ⅲ	Ⅰ	Ⅱ	Ⅲ	Ⅰ	Ⅱ	Ⅲ	Ⅰ	Ⅱ	Ⅲ
接合部の仕様	接合部Ⅰ	1.0	1.0	1.0	1.0	0.9	0.8	1.0	0.85	0.7	1.0	0.8	0.6
	接合部Ⅱ	1.0	1.0	1.0	1.0	0.9	0.8	0.9	0.8	0.7	0.8	0.7	0.6
	接合部Ⅲ	1.0	1.0	1.0	0.8	0.8	0.8	0.7	0.7	0.7	0.6	0.6	0.6
	接合部Ⅳ	1.0	1.0	1.0	0.8	0.8	0.8	0.7	0.7	0.7	0.6	0.6	0.6

ここで、

接合部Ⅰ：引き寄せ金物など

接合部Ⅱ：羽子板ボルト、山形プレート VP、かど金物 CP-T、CP-L、込み栓

接合部Ⅲ：ほぞ差し、釘打ち、かすがい等（構面の両端が通し柱の場合）

接合部Ⅳ：ほぞ差し、釘打ち、かすがい等

壁の釣合いのよい配置：K_r

壁の釣合いのよい配置については、偏心率の計算結果のある場合（壁の配置から求める場合を含む）と、偏心率ではなく国土交通省告示第 1346 号と類似の方法で外周の壁の長さから求める方法のどちらかから低減係数を求める。偏心率の場合には、精密診断法による低減係数 F_e と同じとした。ここで、床仕様についての低減は考えない。一方で外周壁の長さから求める方法は、床仕様Ⅰの以下の式を用いて定めた。

$_eK_1$：低い方の充足率

$_eK_2$：高い方の充足率

充足率比（$_eK_1/_eK_2$）が 0.5 以上：$_eK_{fl} = 1.0$

充足率比が 0.5 未満　　　　　　：$_eK_{fl} = \dfrac{_eK_1 + _eK_2}{2_eK_2}$

ここで、面積を同じと考え、壁1枚の壁倍率、壁基準耐力が同じと考えた場合、上記の比は壁長さの比となる。そこで、壁の長さの組み合わせとして 1:2、1:3、1:4 を考え、低減係数を求めた。1/4 未満となる場合の低減係数は 0.6 を 0.5 に低減している。

$$1:2 \text{ のとき} \qquad \frac{1+2}{2\times 2} = 0.75 \qquad \rightarrow 0.8$$

$$1:3 \text{ のとき} \qquad \frac{1+3}{2\times 3} = 0.67 \qquad \rightarrow 0.7$$

$$1:4 \text{ のとき} \qquad \frac{1+4}{2\times 4} = 0.63 \qquad \rightarrow 0.6$$

基礎構造：K_f

基礎構造による上部構造の低減係数は接合部の低減係数と同様に求めた。ただし基礎構造の評価と接合部評価は相互に影響していることを勘案し、大きな低減とはしなかった。基礎の種類は以下の通りである。

基礎Ⅰ：健全な RC 造の布基礎またはべた基礎

基礎Ⅱ：ひび割れのある RC 造の布基礎またはべた基礎、無筋コンクリートの布基礎（軽微なひび割れも含む）、柱脚に足固めを設けた玉石基礎

基礎Ⅲ：その他の基礎

ここでの基礎の分類は、「木造住宅の耐震診断と補強方法」[4] と同じである。よって、RC 造の布基礎またはべた基礎は、ひび割れのないものが健全とされ、ひび割れがあるものは全てひび割れのある RC 造の布基礎またはべた基礎に分類される。無筋コンクリートの軽微なひび割れとは、床下換気口隅角部に 0.3 mm 程度以下のひび割れが発生しているが、基礎全体では健全である状態をいう。また、建築後の状態の変化があり構造耐力などが設計時の想定とは異なると考えられる場合や、新耐震設計基準の施行後にわかった新たな知見を踏まえると構造耐力などが設計時の想定とは異なると考えられる場合については、現状を反映した耐震診断を行い、その結果に基づき評価する。

⑶ 耐震診断を実施していない場合について

昭和56年に施行されたいわゆる新耐震設計基準と呼ばれる現行の耐震基準以前の基準で建てられた建物で耐震診断が未実施であるものについては、耐震診断を実施し、精密診断法により求められる上部構造評点 I_W を用いて水平耐力 q を算定するか、第6章に示す旧手法を改定した評価法による評価を行うか、いずれの方法を選択してもよい。

34 第4章 耐力度調査票付属説明書の解説

4.1.2 構法の特性

> ② 構法の特性
>
> 構法上の特性により以下のように判断する。
>
> 筋かいの断面のうち小さい方の寸法が9cm以上の筋かい、面材耐力壁の場合　1.0
>
> 上記以外の場合　0.6
>
> 方杖が120角以下の柱（合わせ柱の場合を除く）　0.6

　木造建物の各層の変形は、耐震要素の構法の違い（筋かい、面材、方杖など）によって異なり、大地震時における応答は、大きな変形によって構造部材、特に鉛直荷重を支持するための柱に有害な影響が出る場合もある。また、帳壁、内外装材、設備等の非構造部材の損傷にまで影響を与えるものである。また、垂れ壁、腰壁、あるいは方杖などによって柱の折損を生じ、鉛直荷重支持能力が不足すると、比較的大きな変形を許容する木造建物であっても比較的早い段階で層崩壊にいたる場合もある。

　ここでの判断基準は、柱が合わせとなっていない方杖では柱の折損が生じた場合に鉛直荷重支持能力に問題が生じてしまうことに加え、面材耐力壁が面材自体のはがれを生じる程度の被害でとどまるのに対し、筋かいの断面が小さく、容易に座屈を生じやすい場合には、面材を押し出しみかけ上の被害を大きくすることを考慮して、構法特性による低減係数を定めた。なお、具体的な数値は、「木造住宅の耐震診断と補強方法」[4]より、筋かいや面材耐力壁の剛性と3つ割り、2つ割り筋かいの剛性の比として定めた。

90×90 筋かい　面材耐力壁　　　$800 \sim 1000$ kN/rad./m 程度

45×90 筋かい、30×90 筋かい　$450 \sim 650$ kN/rad./m 程度

　構造耐力に大きく影響する要因であるので配点を20点と比較的高くした。

4.1.3 基礎構造

> ③ 基礎構造：β
>
> 当該建物の基礎及び敷地地盤について、基礎構造の地震被害に関する指標 β を下式により算出して評価する。
>
> $$\beta = u \cdot p$$
>
> ここで、

u：当該基礎の種類に応じた下記の値

基礎Ⅲ　以下に該当しない基礎　　　　　　　　　　　　　　0.8

基礎Ⅱ　ひび割れのある RC 造の布基礎またはべた基礎、無筋コンク

リートの布基礎（軽微なひび割れを含む）、柱脚に足固めを

設けた玉石基礎　　　　　　　　　　　　　　　　　　　0.9

基礎Ⅰ　健全な RC 造の布基礎またはべた基礎　　　　　　　　1.0

p：基礎の被害予測に関する下記の項目のうち、該当する最小の値とする。

液状化が予想される地域である　　　　　　　0.8

軟弱地盤である　　　　　　　　　　　　　　0.9

上記に該当しない場合　　　　　　　　　　　1.0

判別式　　　$1.0 \leqq \beta$ または測定しない場合 …………1.0

$0.64 < \beta < 1.0$　　　　…………直線補間

$\beta \leqq 0.64$　　　　…………0.64

　建築の基礎は建物に作用する荷重及び外力を安全に地盤に伝え、かつ、地盤の沈下または変形に対して安全とすべきものであり、その重要性は高い。なお、最初に本項目が設けられたのは、昭和 39 年新潟地震の被災経験からであり、その後、昭和 43 年十勝沖地震、昭和 49 年伊豆半島沖地震、昭和 53 年宮城県沖地震など、度重なる地震で木造建物は、地盤変動により多くの被害を受けている。今回の改定においては、RC 造の耐力度調査と同様に、平成 7 年兵庫県南部地震による被害経験を踏まえて取りまとめられた下記の「基礎の被害が予測される建物の条件」を参考にして式中の p を設定した。なお、基礎の分類は基礎構造 K_f と同じである。下記の条件は地震を経験した建物について適用される条件であり、そのままを本耐力度調査の項目として取り入れることはできないため、相応の表現に変更してある。なお、下記の 2）及び 3）の震度に関する部分については、立地条件で考慮される項目であるので、ここではそれ以外について評価することとした。

【基礎の被害が予測される建物の条件】

1）斜面地の移動や液状化による地盤流動が認められた地域にある建物

2）自ら被災していなくても、震度Ⅵ+ 以上の地域にあって周辺の建物の被害が大きい建物

3）震度Ⅴ+ 以上の地域にあって、アスペクト比が 2.5 以上の建物

　軟弱地盤は、建築基準法で定める特定行政庁が指定する区域（第三種地盤）だけでなく、海・川・池・沼・水田等の埋立地及び丘陵地の盛土地で小規模な造成工事による地盤や、30 m よりも深い沖積層などの地盤の区域をいう。軟弱地盤の地域では、不同沈下や、地震時に地盤自体が崩壊して、全体的または部分的に建築物が被害を受ける恐れがあるため p を用いて低減する。

36　第4章　耐力度調査票付属説明書の解説

　当該敷地における液状化の可能性については、各自治体等から発行される液状化マップが一つの判断基準となる。また、当該敷地の地盤調査結果を用いて、液状化危険予測の方法（PL値）により液状化判定を行うのも一つの方法と考えられる。PL値による液状化判定を行う場合には、PL値が5を超えるときに液状化が予想されると判定する。

　これらは、重要な項目であり、今回の改定において他の項目の見直しの関係からも、本項目の配点を30点とした。

4.1.4　地震による被災履歴

---

④　地震による被災履歴：E

　当該建物が現在までに受けた被害のうち、被災度が最大のもので評価する。なお、ここで被災度は、日本建築防災協会「震災建築物の被災度区分判定基準および復旧技術指針」[1]により定義されるものである。なお、簡易な補修による原形復旧が行われている場合に被災度に応じた低減を行うこととし、部材を新たに交換することにより全ての被災部材について補修がなされている場合には低減係数を1.0とする。

　　　　無被害～小破　　　　1.0
　　　　中破　　　　　　　　0.7
　　　　大破　　　　　　　　0.5

　表4.3は地震により被災し、ある被災度となった建物が適切に補修されているという前提のもと、補修によりどの程度まで構造耐力が回復しているかを表しているが、建物の損傷箇所に補修を施したとしても、被災により損傷が残っている場合があり、必ずしも被災以前の状況ほどには構造耐力が回復しないことを意味する。また、補修により原形復旧がなされたとしても、その後発生する地震により繰り返し同様の被害が生じる可能性が高いこと等を考慮したものである。各被災度に対応する値は、上記の「震災建築物の被災度区分判定基準および復旧技術指針」[1]に記載されている『被害と耐震性能残存率 R』、『補修・補強する壁の要素被災復旧修正係数 r_{mod}』をもとに決定されている。

表4.3　被害と復旧された壁の性能

被害	耐震性能残存率 R	補修・補強する壁の要素被災復旧修正係数 r_{mod}
軽微	0.9	1/R
小破	0.8	1/R
中破	0.6	1.2
大破	0.4	1.2

なお、特殊なケースとして、

　　1）複数回中破程度以上の被害を経験した建物

　　2）小破程度の被害を生じているが明らかに未補修である建物

などが考えられるが、1）については過去に受けた最大の被害に対する評点を用いて耐力度を調査することとする。2）については上記の「震災建築物の被災度区分判定基準および復旧技術指針」[1] に記載の方法を用いて被災後の耐震性能を「保有耐力」の項で評価してもよい。

38　第4章　耐力度調査票付属説明書の解説

4.2　健　全　度

4.2.1　健全度測定の考え方

　健全度の測定は、対象建物が新築時以降に老朽化した度合いを含めた建物としての健全性を調査するものである。法隆寺の例を出すまでも無く、適切な管理を行えば優れた耐久性を有する木造建物であるが、年数が経過するにつれて次第に老朽化が進行する。木造建物の主要構造材である木材・木質材料は、良好な環境であっても単純に年数を経るだけで非常に遅いスピードながら痩せていく（風化していく）し、周辺環境や維持管理の状況次第では木材腐朽菌やシロアリ等による生物劣化を受けて急速に劣化が進行する場合がある。また、偶発的な地震や暴風、火災等によっても損傷を受ける。このように建物の経年的な劣化は、人為的、自然的、偶発的な要因が複雑に絡み合わさって進行する。これらの劣化は、建物の構造部分、非構造部分、設備部分において生じる。

　この調査は、公立学校施設の老朽化の程度を評価するための調査であり、危険改築の対象建物として、木材の腐朽や蟻害が進行したもの、躯体の状態が健全でない木造校舎で、一般に改修により躯体の健全度を回復させることが難しい建物を想定している。このため、公立学校施設の耐震化が進んだことにより、構造耐力の評価が高くても、構造躯体の経年変化が著しいまたは多くの測定項目で躯体健全性に問題がある建物が、きちんと耐力度点数に反映されるように配慮している。

4.2.2　健全度測定項目と配点の考え方

　木造建物の一般的な経年劣化の順序は、

　外壁の劣化（外装材の破損）　→　水の浸入と壁内への滞留

　　　　　　→　腐朽等による構造部材の劣化　→　構造躯体の傾斜、たわみの増加等

と進行していく。

　一般的に、木材や木質材料が気乾状態（日本で一般的な温湿度環境。温度15〜20度、湿度40〜70％程度で適度に周辺の空気が循環する環境）に置かれている場合、木材腐朽菌によって腐朽が進行したり、シロアリの食害を受けたりすることは少なく、単なる経年によって劣化が進行するには相当の時間が必要である。そのため、木造建物の置かれている環境次第では劣化の進行は非常に遅くなる。しかしながら、施工時における欠陥、不同沈下、地震動、火災などにより外壁にひびが入って雨水が外壁の内側に浸入したり、温湿度変動により壁内が結露したりすると、木材の腐朽環境・シロアリの生育環境が整い、急速に劣化が進行する場合がある。そして一部が劣化し始めると、腐朽菌は周辺にも悪影響を及ぼしはじめ、局部的な劣化から建物全体の劣化へと進展していくこととなる。

　これらのことを勘案し、木造建物の耐力度測定方法では、下記の7項目で健全度を測定す

ることにした。

① 経年変化

② 木材の腐朽度

　　1）外壁土台・外壁柱

　　2）床梁、小屋梁

③ 基礎の状態

④ 部材の傾斜、たわみ

　　1）柱の傾斜

　　2）床梁のたわみ

⑤ 床鳴り、振動障害

⑥ 火災の被災経験

⑦ 雨漏り痕の有無

　次に、木造建物の劣化を総合的に評価するために、上記7項目について次のような考え方で配点を定めた。

① 経年変化

　木造建物を構成する各部材の経年劣化は、前述のように使用環境や維持管理の状況等によって異なり、新築以降の経過年数だけで評価できるものでは無いが、一般的に建物の劣化は経年に比例すると考えられる。しかし、例えば木造住宅でいえば、築15〜25年でリフォームが行われたり、築30〜40年程度で建て替えられたりしていることから、本項目においても築40年程度を一つの目安として建物の構造材の劣化や設備の老朽化は経年に比例すると考えることとした。本項目では構造躯体の他に仕上材や設備を含む機能性の劣化も含むため、RC造建物やS造建物では健全度全体に占める本項目の配点が大きいが、木造建物では経年以外の要因によって劣化の進行度が大きく変わるため、その配点を下げて評価することとしている。

② 木材の腐朽度

　木材は、その使用環境によっては木材腐朽菌による腐朽やシロアリによる食害などの生物劣化を受ける。生物劣化を受けた木材は断面欠損等により残存耐力が徐々に低下し、部材強度の低下、接合部耐力の低下から、最終的には建物の構造耐力の低下や居住性の低下に繋がることとなる。したがって、耐力度調査において木材の腐朽度の調査は非常に重要であり、本項目では以下の2項目に分けて評価することとした。なお、腐朽度に関しては、シロアリの食害も含めた劣化全般を対象とすることとする。

　1）外壁土台・外壁柱

　　木造建物には様々な工法があり、外壁の仕上げなども様々な方法があるが、生物劣化の影響を最も受けやすいのは、外壁に面した土台及び柱（の脚部）である。したがって、調査対

40 第4章 耐力度調査票付属説明書の解説

象建物の外壁長さに対する腐朽した土台の長さ、あるいは外壁に面した柱の本数に対する腐朽した柱の本数を調査することにより、腐朽度を判定することとした。

2) 床梁、小屋梁

土台・柱と同様に、床梁・小屋梁も建物の構造耐力、特に水平構面の性能を決定づける要因として重要である。したがって、床梁本数に対する腐朽した梁の本数、あるいは小屋梁本数に対する腐朽した本数を割り出すことにより、腐朽度を判定した。ただし、建物全体の床梁、小屋梁の調査を行うことは困難なため、最も老朽化が進行していると思われる室を抽出して実施することとした。

③ 基礎の状態

木造建物における基礎は、建物によってRC造基礎、無筋コンクリート基礎、あるいは玉石・ブロック基礎など様々な形式があるが、いずれにしても上部構造を支える重要な構造要素である。したがって、建物外周の基礎の健全度や沈下量を調査し、それらを統合して基礎の状態として評価することとした。

④ 部材の傾斜、たわみ

木材が生物劣化を受けると、断面欠損等により徐々に部材強度が低下したり、接合部耐力が低下したりしてくる。そして、それらの影響が調査者の目に見える形で現れたものが、部材の傾斜やたわみの増加である。ここでは、柱の傾斜と床梁のたわみについて調査することとし、それぞれ最大の傾斜あるいはたわみをもって健全度を判別することとした。

1) 柱の傾斜

柱については、張間方向、桁行方向それぞれについて、測定柱高さとそれに対する傾斜長さを測定することにより、柱の傾斜率を測定することとした。なお、本測定は、平屋あるいは2階建ていずれにおいても、最も老朽化が進行していると思われる室を抽出して実施するものとし、それぞれ測定したもののうち最大傾斜率の値を判別に用いることとする。

2) 床梁のたわみ

床梁については、最も老朽化が進行していると思われる室を抽出して実施するものとし、平屋であれば大引きの、2階建てであれば2階床梁のたわみについて計測することとし、それらの最大値をもって判別に用いることとする。

⑤ 床鳴り、振動障害

建物の竣工初期の床鳴りは施工不良により発生するものであるが、竣工初期には無かった床鳴りが経年によって徐々に発生してくる場合は、木材の劣化による床梁（または大引き）の曲げ剛性の低下が原因であることが多い。また、振動障害についても、経年によって徐々に交通振動などの影響が大きくなってくることがあるが、これも部材強度の低下や接合部耐力の低下

などにより建物の剛性が低下してくることに原因がある。床鳴りや振動障害によって建物全体の劣化の程度を定量的に評価することは容易ではないが、居住性を含む建物全体の構造強度の低下を見る一つの指標として評価することとし、床鳴りあるいは振動障害の程度によって低減係数を求めることで健全度の評価に用いることとした。床鳴りの有無については比較的簡易に判別できるため、建物内の全ての室について床鳴りの有無を判別し、全体の調査室数に対する床鳴りのする調査室の割合で判別することとした。一方、振動障害については建物内の最も老朽化が進行していると思われる室において判別することとした。

⑥　火災の被災経験

　火災の被災経験については、仕上材等の非構造材が多少被害を受ける程度であれば軽微な補修等により継続的に使用していることが予想されるが、構造材がある程度以上の被害を受けたものについては既に解体・建て替えがなされているものと想像される。したがって、比較的被害が軽微なものについてのみ低減係数という形で評価することとした。また、構造材に被害を受けたものであっても、被害部分を新しい材で適切に補修等している場合には無被害と同等と見なすこととした。

⑦　雨漏り痕の有無

　屋根あるいは外壁からの雨水の浸入は、木材の腐朽に最も大きな影響を及ぼす因子である。特に屋根瓦や屋根下地の劣化によって雨水が小屋裏に入り、それらが木材を伝わって接合部や壁の内部に停滞すると腐朽菌が繁殖しやすい環境が整うこととなる。したがって、建物調査時に雨漏り痕が発見される場合は、その周辺部に腐朽箇所が存在する可能性が高くなることを意味する。しかしながら、雨漏り痕があったとしても、その後の通風や小屋裏換気などによって濡れた部分が十分に乾燥されれば、木材腐朽菌は繁殖することができず、劣化は進行しない。よって、単に雨漏り痕の存在だけで無く、その周辺の部材の含水率が他の健全な部分と比べて高い状態にあるかどうか、恒常的に雨漏りが起きる状況にあるかどうかを見極めることが重要である。これらの調査は、内外装材を剥がさないと正確な判定ができないような場合も多く、雨漏り痕の存在のみで正確な判断を下せるものでは無いが、一般論として雨漏り痕の有無、あるいはその多少が建物全体の木材の劣化に繋がる因子であることから、本項目では雨漏り痕がどの程度あるかによって低減係数を設定することとした。

　以上7項目のうち、①から④の4項目については様々な調査、計測によって健全度を総合的に評価し、⑤床鳴り、振動障害の程度、⑥火災の被災経験の程度及び⑦雨漏り痕の有無については建物全体の疲弊度を判断する項目として低減係数を設定し、これら3項目の中で最も低減が大きくなる数値を乗じる事により、健全度を低減することとした。

42　第 4 章　耐力度調査票付属説明書の解説

4.2.3　経 年 変 化

① 　経年変化：T

当該建物の耐力度測定時における建築時からの経過年数 t、または長寿命化改良事業を行った時点からの経過年数 t_2 に応じて経年変化 T を下式により計算する。

1）建築後、長寿命化改良事業実施前

当該建物の耐力度測定時における、建築年からの経過年数 t に応じて、経年変化 T を下式により計算する。ただし、T がゼロ以下の場合は、$T = 0$ とする。

$$T = (40 - t)/40$$

ここで、　t：建築時からの経過年数

2）長寿命化改良事業実施後

当該建物の耐力度測定時における、長寿命化改良事業を行った時点からの経過年数 t_2 に応じて、経年変化 T を下式により計算する。ただし、T がゼロ以下の場合は、$T = 0$ とする。

$$T = (30 - t_2)/40$$

ここで、　t_2：長寿命化改良事業実施後の経過年数

建物の経年に伴い、構造躯体や仕上材、設備を含む機能性は次第に劣化していく。木造建物の場合、構造耐力の測定で考慮する耐震診断結果の I_W 指標には、耐震性能に関する経年劣化の影響は各耐力要素の基準耐力評価時に「劣化度」として加味されているはずである。そのため、経過年数においては仕上材、設備を含む機能性の劣化を含めた評価とする。

評点は、長寿命化改良事業の補助制度が「建築後 40 年以上経過した建物で、今後 30 年以上使用する予定であること」を踏まえ、以下のようにした。

建築後 40 年が経過するまでは劣化が一様に進むと考え、建築後 40 年以上経過した建物は施策を決める岐路となることを踏まえ、経年変化をゼロとして評価する。

長寿命化改良事業を実施することで建物としての性能は向上するが、建築後 40 年以上経過しており、完全に新築時と同様の性能まで回復することは困難であることから、長寿命化改良事業により、新築時の 75％ まで回復するものとした。長寿命化改良事業の実施後は、その後 30 年以上の継続利用を想定して、30 年を経過すると経年変化 T がゼロになるものとして評価する（図 4.2 参照）。

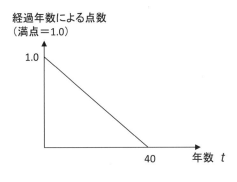 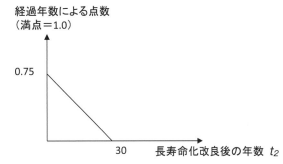

(a) 長寿命化改良実施前の経過年数による点数　　(b) 長寿命化改良実施後の経過年数による点数

図 4.2　長寿命化改良実施前後の経過年数による点数

4.2.4　木材の腐朽度

② 木材の腐朽度：D

建物全体の外壁土台と外壁柱、及び最も老朽化が進行していると思われる室における 1 階大引きもしくは 2 階床梁と小屋梁のそれぞれについて、以下の方法に従い腐朽度を判定する。

1) 外壁土台と外壁柱の腐朽度
   (a) 外壁土台

   測定対象建物の外壁土台の延長、及びそのうちの腐朽している土台の延長を記入し、両者の比（d_1 ＝ 腐朽材の延長／外壁土台の延長）を求める。

   (b) 外壁柱

   測定対象建物の外壁柱の本数、及びそのうちの腐朽している外壁柱の本数を記入し、両者の比（d_2 ＝ 腐朽材の本数／外壁柱の本数）を求める。

   次に、d_1 と d_2 の最大値を基に判別を行う。

   判別式　　　　$\max(d_1, d_2) \leqq 0.3$ ………………1.0
   　　　　　　$0.3 < \max(d_1, d_2) \leqq 0.6$ …………直線補間
   　　　　　　$0.6 < \max(d_1, d_2)$ 　　　　………………0.5

2) 床梁と小屋梁の腐朽度
   (a) 床梁

   測定対象建物の中から最も老朽化が進行していると思われる室を抽出し、1 階大引きもしくは 2 階床梁の本数、及びそのうちの腐朽している大引き・床梁の本数を記入し、次に両者の比（d_3 ＝ 腐朽本数／床梁本数）を求める。

   (b) 小屋梁

   測定対象建物の中から最も老朽化が進行していると思われる室を抽出し、小屋梁の本数、及びそのうちの腐朽している小屋梁の本数を記入し、両者の比（d_4 ＝ 腐朽本

数／小屋梁本数）をとる。

次に、d_3 と d_4 の最大値を基に判別を行う。

判別式
$$\max(d_3, d_4) \leqq 0.3 \cdots\cdots\cdots\cdots 1.0$$
$$0.3 < \max(d_3, d_4) \leqq 0.6 \cdots\cdots\cdots\cdots 直線補間$$
$$0.6 < \max(d_3, d_4) \qquad \cdots\cdots\cdots\cdots 0.5$$

木材の耐久性に影響を及ぼす原因としては、紫外線や風、雨などに長期間にわたって材料表面が曝されることによる物理的な劣化と、菌類による腐朽やシロアリ類や甲虫類等による虫害、といった生物的な劣化に大別される。このなかで、建築物の耐久性に影響を及ぼすのは主に生物劣化であり、生物劣化を受けた木材は化学的に分解され、あるいは食害されて木材が破壊されるため、周辺環境によっては短い期間で構造部材に甚大な被害を及ぼす場合がある。

生物劣化により木材は徐々に断面が小さくなり、材料そのものの耐力が徐々に低下すると共に、接合部周辺では接合耐力の低下も引き起こす。そしてそれらが更に拡大していくと、建物の傾斜やたわみの増加などで目に見える形になって影響が出始め、最終的には建物の構造耐力の低下や居住性の低下に繋がることとなる。そのため本項目では、建物の構造耐力にとって特に重要と思われる外壁土台、外壁柱、床梁、小屋梁の4種類の部材について腐朽度を判定し、1) 外壁土台と外壁柱で一つの評点を、そして 2) 大引き・床梁と小屋梁とで一つの評点を算定するものとした。そして、1)、2) それぞれについて、腐朽度が大きい方の値をもってその項目の判別に用いるものとした。なお、外壁土台及び外壁柱に関しては、外観上目視で確認できるものを対象とし、仕上材などを引き剥がして確認する事は求めない。

腐朽した材の判別は次の定義によるものとする（図 4.3）。土台・柱にあっては、その断面積の 1/5 以上、梁にあっては、その断面積の 1/10 以上の腐朽または折れ（干割れ、背割りは含めない）の生じている断面をもつ材とする。なお、シロアリの食害を受けている断面をもつこれらの材料は、腐朽割合にかかわらず腐朽材とみなす。

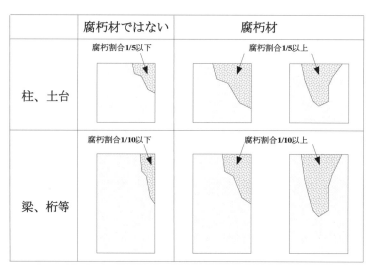

図 4.3 腐朽材の例

(1) 外壁土台と外壁柱の腐朽度
　(a) 外壁土台
　　腐朽土台の延長の計り方は、腐朽箇所の位置によって次の図4.4のように扱う。
　(ア) 柱間に腐朽箇所がある場合は、腐朽箇所の個数に関係なくその柱間長を腐朽長Lとする。
　(イ) 仕口部分に腐朽箇所がある場合は、隣接柱間距離の半分ずつの和（A/2＋B/2）を腐朽長Lとする。腐朽した仕口が隅角部の場合は、直角方向のそれぞれの柱間距離の半分の和を腐朽長Lとする。
　(ウ) 柱間と仕口の両方に腐朽箇所がある場合は、腐朽仕口の隣接柱間距離の半分（A/2）と腐朽を有する柱間距離（B）とを加えた距離を腐朽長Lとする。

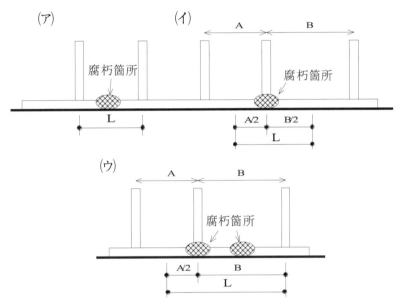

図4.4　腐朽土台の延長の計り方

　(b) 外壁柱
　　外壁柱の本数とは、以下の定義に従うものとする。また、腐朽柱とは、その腐朽位置、腐朽箇所にかかわらず、1箇所以上が前記の腐朽材の定義に該当する柱をいうものとする。
　(ア) 2階建ての場合は、通し柱、管柱の区別なく上下を通して1本と扱う。
　(イ) 上下階で柱の数が異なるときは、1階の柱の数とする。
　(ウ) 胴差、桁等の主要横架材まで達していない柱は、本数に数えない。
　(エ) 添柱、控柱は本柱に含めて1本と数える。
　(オ) 間柱は含めない。

(2) 床梁と小屋梁の腐朽度
　床梁・小屋梁の腐朽度は、以下の定義に従うものとする。また、床梁・小屋梁の本数とは、測定対象室に架けてある大引き・大梁・小屋梁の数とし、小梁や根太、垂木等は含めない。

46　第 4 章　耐力度調査票付属説明書の解説

(ア) 腐朽位置、腐朽箇所数にかかわらず 1 箇所以上が前記の腐朽材の定義に該当する梁をいう。

(イ) トラス梁（小屋トラス、2 階トラス梁）の場合は、その部材のいずれか 1 箇所以上腐朽しているものをいう。

(ウ) 梁が柱の直上にない場合、その梁を受けている横架材（例えば胴差、敷桁）が腐朽しているときは、それに架けてある梁を腐朽梁として扱う。

(エ) 廊下に架けてある梁は、梁の本数測定の対象とはしないが、腐朽している場合は腐朽梁の本数測定の対象とし、次のように扱う。

　　大梁腐朽本数 ＝ A、廊下腐朽本数 ＝ B であるとき、A ＞ B の場合は腐朽本数は A とする。A ＜ B の場合は腐朽本数は、(A ＋ B)/2 とする。

　　図 4.5 に腐朽本数の算定例を示す（図中の ● は腐朽箇所）。

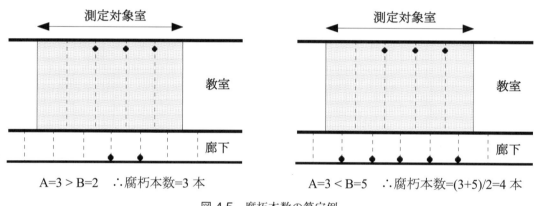

図 4.5　腐朽本数の算定例

4.2.5　基礎の状態

③　基礎の状態：F

建物全体の外周布基礎について、割れの有無による劣化の評価と、不同沈下量による傾斜を計測する。

(a) 基礎の劣化

建物外周基礎長さと、割れを有する基礎長さの比を取り、基礎の健全度 d_f とする。割れを有する基礎長さとは、割れの両側 2 m ずつの範囲を含めた長さをいう。

$$d_f = l_d/l$$

ここで、　l_d：割れを有する基礎長さ

　　　　　l：建物外周基礎全長

(b) 基礎の傾斜

建物外周基礎の沈下量測定を行い、相対沈下量の最大値を元に算出した沈下率 ϕ_f により評価する。

$$\phi_f = \delta/l$$

ここで、　δ：相対沈下量

　　　　　l：測定基礎長さ

次に、(a)、(b)の結果を基に判別を行う。

判別式　　　　　　$\max(d_f, \phi_f \times 100) \leqq 0.2$ ············ 1.0

　　　　　　　　　$0.2 < \max(d_f, \phi_f \times 100) \leqq 0.5$ ············ 直線補間

　　　　　　　　　$0.5 < \max(d_f, \phi_f \times 100)$ 　　　 ············ 0.5

木造建物における基礎は、建物によって RC 造基礎、無筋コンクリート造基礎、あるいは玉石・ブロック基礎など様々な形式があるが、いずれにしても上部構造を支える重要な構造要素である。ここでは、基本的には RC 造基礎、無筋コンクリート造基礎を対象とし、建物外周部の基礎に割れ（幅 0.3 mm 以上のひび割れで、表面のモルタル層だけでなく、基礎内部にまで割れが進展している箇所）があるかどうかをチェックすることにより基礎の健全度を評価するものとした。なお、割れを有する基礎長さについては、日本建築防災協会発行の「木造住宅の耐震診断と補強方法」[4] において、耐力壁の下部の基礎を部分的に補強する場合の補強範囲に関して、耐力壁両端から 0.9 m 以上（耐力壁が 0.9 m であれば全長で 2.7 m 以上）を含めて補強しないと補強効果が現れないという記述があることから、図 4.6 に示すように割れた箇所の両側 2 m ずつの範囲を含めた長さ（＝割れ 1 箇所につき 4 m に相当）を足し合わせていくものとした。建物隅角部付近の割れについては、図 4.7 に示すように直角方向の基礎まで伸ばした距離をもって 2 m の範囲を計測するものとする。また、玉石基礎は割れの評価が不適当であるのと、コンクリートブロック基礎については割れが構造耐力に及ぼす影響に関する知見に乏しいことから、本項目では評価しないものとした。

一方、基礎の傾斜については、測定基礎長さに対する相対的な沈下量を計測することにより基礎の傾斜を求めるものとした。割れの評価と同じく、RC 造基礎、及び無筋コンクリート基礎を対象とし、桁行方向、張間方向それぞれについて傾斜を求め、その最大値をもって基礎の傾斜とする。玉石基礎やコンクリートブロック基礎についても、可能であれば傾斜を測定する。特に玉石基礎であれば、足固め材などを測定することにより基礎の傾斜の代わりにしても良い。

最終的な判別は、1) 基礎の劣化と 2) 基礎の傾斜を比較して大きい方をもって判別に用いるものとしたが、両者の絶対値を近づけるために、傾斜についてはその測定値を 100 倍するものとした。

48　第 4 章　耐力度調査票付属説明書の解説

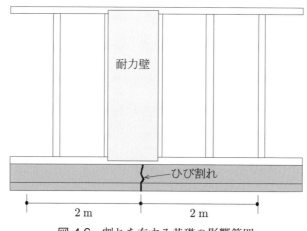

図 4.6　割れを有する基礎の影響範囲

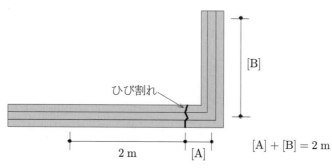

図 4.7　隅角部付近の割れの影響範囲

4.2.6　部材の傾斜、たわみ

④　部材の傾斜、たわみ：R

柱の傾斜、及び床梁のたわみについて、以下の方法に従い判別する。

1) 柱の傾斜

　測定対象建物の中で最も老朽化が進行していると思われる室の柱のうち、張間方向に最大傾斜している柱及び桁行方向に最大傾斜している柱について、高さ 1.8 m 当たりの上部と下部の垂直線間の水平距離を測る。

$$傾斜率\ (r_1, r_2) = \delta/l$$

ここで、　r_1, r_2：張間方向、桁行方向の傾斜率
　　　　　δ：傾斜長 (cm)
　　　　　l：測定柱高さ $(= 180\ \text{cm})$

次に、r_1、r_2 の結果を基に判別を行う。

判別式　　　　$\max(r_1, r_2) \leqq 0.002$ ………… 1.0

　　　　　　　$0.002 < \max(r_1, r_2) \leqq 0.005$ ………… 直線補間

　　　　　　　$0.005 < \max(r_1, r_2)$　　　　………… 0.5

2) 床梁のたわみ

　測定対象建物の中で最も老朽化が進行していると思われる室の床梁1箇所（1階は大引き1箇所）についてたわみ量の測定を行い、相対たわみ (θ_1, θ_2) の最大値により評価する。

$$\text{相対たわみ } (\theta_1, \theta_2) = \delta/L$$

ここで、　　θ_1、θ_2：1階及び2階の相対たわみ (rad)

　　　　　　　δ：最大たわみ (cm)

　　　　　　　L：梁または大引きのスパン (cm)

次に、θ_1、θ_2 の結果を基に判別を行う。

判別式　　　　　　$\max(\theta_1, \theta_2) \leqq 0.002$ …………… 1.0

　　　　　　$0.002 < \max(\theta_1, \theta_2) \leqq 0.005$ ………… 直線補間

　　　　　　$0.005 < \max(\theta_1, \theta_2)$　　………… 0.5

　木材が生物劣化を受けると、断面欠損等により徐々に部材強度が低下したり、接合部耐力が低下したりしてくる。そして、それらの影響が調査者の目に見える形で現れたものが、部材の傾斜やたわみの増加である。ここでは、部材の傾斜として鉛直材では柱の傾斜率を、横架材では床梁のたわみを計測し、健全度の評価を行う。

　柱の傾斜は、測定対象建物の中で最も老朽化が進行していると思われる室の張間方向、桁行方向それぞれの柱について、最大傾斜を生じている柱について測定柱高さ（一般的には1.8 m程度で良い）に対する上下端間の垂直線間の水平距離を測り、傾斜率を求める。判別は張間方向と桁行方向の傾斜率のうち最大の値をもって行うこととし、傾斜率が1/500以下であれば健全と見なし、それ以上の傾斜率であれば何らかの不具合が生じているものと見なすこととする。

　床梁のたわみは、測定対象建物の中で最も老朽化が進行していると思われる室の床梁1箇所（1階であれば大引き1箇所）について、梁のスパンに対するスパン中央部のたわみ量を測定し、相対たわみ量を求める。判別は1階及び2階の相対たわみのうち最大の値をもって行うこととし、相対たわみが1/500以下であれば健全と見なし、それ以上のたわみであれば何らかの不具合が生じているものと見なすこととする。

4.2.7　床鳴り、振動障害

⑤　床鳴り、振動障害：A

　床鳴りと振動障害については、調査者の判断により以下のように判別する。

50　第4章　耐力度調査票付属説明書の解説

(a)　床鳴りの有無：α

建物内の全ての室の床について、床鳴りの有無、あるいはその程度を判別する。

床鳴りのする室が全くない場合　　　　$\alpha = 0$

床鳴りのする室が2割程度以下の場合　$\alpha = 1$

床鳴りのする室が2割程度以上の場合　$\alpha = 2$

(b)　振動障害の有無：β

測定対象建物の中の最も老朽化が進行していると思われる室において、交通振動など
の振動を感じるか否かで判別する。

振動を感じない、ほとんど感じない　$\beta = 0$

時々不快な振動を感じる　　　　　　$\beta = 1$

常に不快な振動を感じる　　　　　　$\beta = 2$

次に、(a)、(b)の結果を基に判別を行う。

判別式　　　　$\alpha + \beta \leqq 1$ ………1.0

$\alpha + \beta = 2$ ………0.9

$3 \leqq \alpha + \beta$ ………0.8

　木造建物の床は多くの部材によって構成される複雑な構造をしている。一般的な木造軸組構
法の床組を例に取ると、人間が床上に載ったときの荷重は、床の仕上げ → 床下地 → 根太 →
梁または大引きといった順番で伝達していくが、人間の荷重程度で明らかなたわみを感じたり
する場合は、床の剛性が不足しており、構造部材の断面を増やす、部材の間隔を狭める、下地
板の厚さを増す、等の対策が必要となる。一方、床鳴りに関しては、これら複数の部材を用い
て構成する床組の接合部分（釘接合部）あるいは部材同士が接触している部分で起こることが
多い。建物がきちんと施工されている場合は床鳴りはあまり問題になることは無いが、施工不
良等があると竣工直後から床鳴りに悩まされることになる。また、竣工初期には無かった床鳴
りが経年によって徐々に発生してくる場合は、木材の劣化による床梁（または大引き）の曲げ
剛性の低下が原因であることが多い。

　また、振動障害についても、竣工当初は気にならなかったものが経年によって徐々に交通振
動などの影響が大きくなってくる場合には、構造体の全体的な剛性が低下している可能性があ
り、その原因が部材強度の低下や接合部耐力の低下などによる場合がある。

　床鳴りや振動障害によって建物全体の劣化の程度を定量的に評価することは容易ではない
が、居住性を含む建物全体の構造強度の低下を見る一つの指標として評価することとし、床鳴
りあるいは振動障害の程度によって低減係数を求めることで健全度の評価に用いることとし
た。なお、床鳴りや振動障害が見られる場合、床梁や床仕上げのみの交換で容易に改善できる
ことは少なく、建物全体の構造強度を改善しなくてはならない場合が多い。したがって、本項
目の低減の度合いは後述する「火災の被災経験」や「雨漏り痕の有無」よりも大きいものとな

4.2 健全度 51

っている。

4.2.8 火災の被災経験

---

⑥ 火災の被災経験：S

建物全体における火災の被災経験については、その被害程度により以下のように判別する。

被災経験無し	$S = 0$
煙害程度の被災経験あり	$S = 0$
非構造部材が燃焼する被害が一部にある	$S = 1$
非構造部材が燃焼する被害が比較的大きい	$S = 2$
構造材が一部燃焼する被害あり	$S = 3$
燃焼した構造材を全て新材で補修	$S = 0$

次に、以下に従い判別を行う。

判別式　　$S \leqq 1$ ………… 1.0

$S = 2$ ………… 0.95

$S = 3$ ………… 0.9

火災の被災経験については、内外装材や建具などの非構造部材が被害を受けた程度であれば、それらを交換、補修することにより使用し続けていることが予想されるが、構造部材が燃焼するなど被害が大きいものについては、既に解体・建て替えがなされている場合が多いと想像される。したがって、本項目では、基本的には比較的被害が軽微なものについてのみ低減係数という形で評価することとした。

具体的には、建物全体の半分以下が被災経験有りの場合で、なおかつ内外装材や建具などの非構造部材が燃焼する程度の被害を受けたものを対象とし、"煙害程度"で燃焼被害が無いもの、"非構造部材が一部被害を受けた程度"、"非構造部材が比較的広範囲にわたり被害を受けた程度"の3段階を設けた。また、非構造部材だけで無く構造材も被害を受けている場合、その被害程度が非常に軽微であれば、そのまま内外装材を補修するのみで使用し続けていることもあり得る。したがって、構造部材への被害が確認された場合には、部材断面が8割以上残存しているものについては「構造部材が一部燃焼する被害あり」と判定するものとする。

なお、ある程度大きな火災の被害を受けた建物で構造部材が燃焼する被害を受けている場合でも、それらの部材を新しい材料に取り替えて適切に補修・修復がなされているような建物の場合には、被害程度としては「被災経験無し」と同等に扱うものとする。また、被災している場合でも部材交換を実施しやすいことから、低減の度合いは低く設定している。

52　第4章　耐力度調査票付属説明書の解説

4.2.9　雨漏り痕の有無

⑦　雨漏り痕の有無：U

　建物全体の小屋裏空間あるいは内壁面に雨漏り痕が見られる場合には、その程度により以下のように判別する。

雨漏り痕無し	$U = 0$
小屋裏あるいは内壁に一部雨漏り痕あり（乾燥状態）	$U = 0$
小屋裏あるいは内壁に多数の雨漏り痕あり（乾燥状態）	$U = 1$
小屋裏あるいは内壁に一部雨漏り痕あり（湿潤状態）	$U = 2$
小屋裏あるいは内壁に多数の雨漏り痕あり（湿潤状態）	$U = 3$

次に、以下に従い判別を行う。

判別式		
	$U \leqq 1$…………	1.0
	$U = 2$…………	0.95
	$U = 3$…………	0.9

　屋根あるいは外壁からの雨水の浸入は、木材の腐朽に最も大きな影響を及ぼす因子と言っても過言ではない。特に屋根瓦や屋根下地が劣化することによって雨水が小屋裏空間に進入し、それらが小屋組の部材等を伝わって接合部や内外壁の内側に停滞すると木材腐朽菌が繁殖しやすい環境が整うこととなる。したがって、建物調査時に雨漏り痕が発見される場合は、その周辺部に腐朽箇所が存在する可能性が高いということを意味する。

　しかしながら、雨漏り痕があったとしても、その後で十分に通風が確保されたり、小屋裏換気などによって濡れた部分が十分に乾燥されたりしていれば、木材腐朽菌は繁殖することができず、劣化は進行しない。よって、単に雨漏り痕の存在だけでなく、その周辺の部材の含水率が他の健全な部分と比べて高い状態にあるかどうか、恒常的に雨漏りが起きる状況にあるかどうかを見極めることが重要である。

　一方、この部材含水率までを調べる調査は、内外装材を剥がさないと正確な判定ができないような場合も多く、雨漏り痕の存在のみで正確な判断を下せるものではない。しかし、一般論として雨漏り痕の有無、あるいはその多少が建物全体の木材の劣化に繋がる重要な因子であることから、本項目では雨漏り痕がどの程度存在するかにより評価するものとし、また確認できる場合にはその雨漏り痕の含水状態を調べることによって低減係数を設定することとした。

　なお、本項目についても部材交換が比較的容易にできることから、低減の度合いは低く設定されている。

4.3 立 地 条 件

4.3.1 地震地域係数

> ① 地震地域係数
>
> 　地域区分は建設省告示第1793号（最終改正：平成19年国土交通省告示第597号）第1
> に基づき、該当するものを〇で囲む。

　建設省告示第1793号（最終改正：平成19年国土交通省告示第597号）第1による地域区分により、建物がその立地において使用期間中に強い地震を受ける可能性の高さを反映するための係数である。

　地域区分は、同告示の表における（1）が一種地域、（2）が二種地域、（3）が三種地域、（4）が四種地域となる（表4.4）。

表4.4　対応表

耐力度調査票		建設省（国土交通省）告示	
地震地域係数		地方	数値
四種地域	1.0	（4）	0.7
三種地域	0.9	（3）	0.8
二種地域	0.85	（2）	0.9
一種地域	0.8	（1）	1.0

4.3.2 地 盤 種 別

> ② 地盤種別
>
> 　地盤種別は基礎下の地盤を対象とし建設省告示第1793号（最終改正：平成19年国土
> 交通省告示第597号）第2に基づき、該当するものを〇で囲む。

　建設省告示第1793号（最終改正：平成19年国土交通省告示第597号）第2による地盤種別により、建物への入力が大きくなることや地盤被害の可能性が高まることの影響を補正するための係数である。

4.3.3 敷 地 条 件

> ③ 敷地条件
>
> 　建物が崖地の上端近くや傾斜地に建設されている場合には、該当するものを〇で囲む。

54　第4章　耐力度調査票付属説明書の解説

　近年の地震による木造文教施設の被害調査において、崖地上端の盛土部分や傾斜地に建設された建物では、平坦地に比べて被害が大きくなる傾向が見られる。原因として、地形効果や局所的な地盤条件により建物への入力地震動が増幅されたことや、地盤の崩落によって不同沈下が生じたことが考えられる。木造の建物は、RC造の建物に比べて軽量であるため、崖地上端の盛土部分に建設されることも多く、地形効果などによる入力の増幅に伴い上部構造に大きな被害がでることだけでなく、地盤の崩落に伴い基礎構造へ大きな被害がでることも懸念される。また、傾斜地においても建物への入力が地形の影響を受けることが懸念される。そこで、地形効果による局所的な入力地震動の増幅並びに地盤被害の可能性の大きさの程度を補正するための係数を設定した。

　ここで、崖地とは宅地造成等規制法施行令の1条2項による「地表面が水平面に対し30度を超える角度をなす土地」のことであり、図4.8に示すように上端側に建っており、崖の下端から高さの2倍の範囲内に建物がかかっているか否かで評価する。高さ3m以上の崖地の上端側に建っており、崖の下端から高さの2倍の範囲内に建物がかかっている場合には係数を0.8とし、高さ1m以上3m未満の崖地の上端側に建っており、段差の下端から高さの2倍の範囲内に建物がかかっている場合には係数を0.9とする。

　また、傾斜地については、建物四隅の地面の高低差の最大値を、高低差が生じた区間の距離で割った傾斜角が3度以上ある場合に評価する（図4.9）。傾斜地については係数を0.9とする。

　崖地、傾斜地に当たらない場合には平坦地として、係数は1.0とする。

　なお、盛土か切土かについては、建築から時間が経っているとわからないこともあるのと重量の軽い木造の施設は盛土の上に建てられることも多いことから、盛土か切土かまでは区別せず、地形のみに評価する。

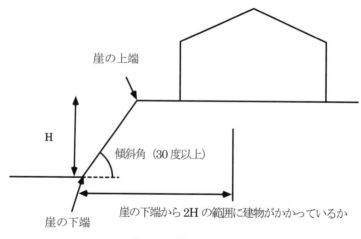

図4.8　崖地の説明

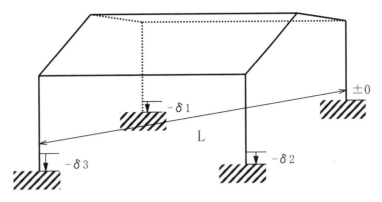

地面の傾斜角＝δ3／L （δ3が最も大きな値である場合）

図 4.9　地面の傾斜角の説明

4.3.4　積雪寒冷地域

④　積雪寒冷地域
　積雪寒冷地域は義務教育諸学校等の施設費の国庫負担等に関する法律施行令第 7 条第 5 項の規定に基づき、該当する地域区分を○で囲む。

積雪や寒冷の影響による建物の劣化の程度を補正するための係数である。

4.3.5　海岸からの距離

⑤　海岸からの距離
　当該建物から海岸までの直線距離に該当する区分を○で囲む。

海岸からの距離に基づき、塩風害の影響による建物の劣化の程度を補正するための係数である。

56　第 4 章　耐力度調査票付属説明書の解説

4.4　その他の留意事項

4.4.1　調査票の作成と添付資料

(1)　調査票

運用細目の別表を使用する。なお、調査票は原則としてインクを用いて記載することとするが、鉛筆で記載した票を複写し調査者が署名捺印する方法も認められる。

また、各階の平面図、断面図については 1/100 程度の縮尺で単線により表示し、柱や耐力壁は他と区別できるような太線等で記載するほか、健全度等の調査位置等所要の事項を記載する。

(2)　写真

建物の全景及び各項目について、必ずカラー写真撮影を行い確認資料として添付する（表4.5 参照）。写真は調査票に記載するデータと内容が一致する必要がある。また、健全度にあっては写真が立証資料として不可欠なものとなるので、撮影時には必ず測定機器が写るようにし、測定値が判別できるよう心掛ける必要がある。

(3)　その他の資料

各測定項目別の添付資料は表 4.5 により、該当するものについて作成する。

なお、これらの資料はその資料に基づいて評点の低減等を行っているときにのみ必要である。

4.4 その他の留意事項 57

表 4.5 添付資料

測定項目			添付書類	写真
構造耐力	保有耐力	水平耐力（旧耐震・耐震診断実施済み）	耐震診断報告書	
		水平耐力（新耐震の建物で構造上問題がある建物）	設計図書、構造計算書	
		水平耐力（新耐震）		
		低減係数	設計図書あるいは構造図	
	構法の特性		設計図書、構造計算書	
	基礎構造		設計図書、構造計算書 当該地域の液状化マップあるいはボーリングデータ等	
	地震による被災履歴		被災記録	
健全度	経年変化		施設台帳、建物登記簿、確認申請書、学校要覧	
	木材の腐朽度		測定位置図	○
	基礎の状態		ひび割れ位置図、沈下量測定結果図	○
	部材の傾斜、たわみ		傾斜長測定結果図、たわみ量測定結果図	○
	床鳴り、振動障害		測定位置図	○
	火災の被災経験		被災程度別平面図、被災記録	○
	雨漏り痕の有無		測定位置図	○
立地条件	地震地域係数		施設台帳	
	地盤種別		ボーリングデータ	
	敷地条件		敷地図	
	積雪寒冷地域		施設台帳、気象データ	
	海岸からの距離		地図（1/25,000）	
その他			建物の全景写真	○

参考文献

1) 日本建築防災協会：「再使用の可能性を判定し、復旧するための震災建築物の被災度区分判定基準および復旧技術指針（2015 年改訂版）」、2016 年
2) 震災予防調査会：「震災予防調査会報告」、vol.101、1927 年 3 月
3) 日本建築学会：「木構造計算規準・同解説 付木造学校建物規格の構造計算」、1949 年 3 月
4) 日本建築防災協会：「木造住宅の耐震診断と補強方法」、2004 年（2012 年改訂版発行）
5) 文化庁：「重要文化財（建造物）耐震診断指針」、1996 年 8 月

第 5 章　　耐力度調査チェックリスト

耐力度調査チェックリスト

－木造－

都道府県名		設置者名		学校名	

対象建物	棟番号		構造・階数		建築年		面積	

耐力度点数	都道府県確認者の所見	聴取済印
点		

調査者 (市町村)		確認者 (都道府県)		聴取日	年　月　日

※太枠の中は都道府県が記入する。

　□にはレ印を付す。

設置者記入欄　　都道府県記入欄
確認　該当なし　　確認　該当なし

（第1　一般事項）

1．調査建物

①耐力度調査票の設置者名、学校名、建物区分、棟番号、階数、延べ面
　積、建築年、経過年数、被災歴及び補修歴は施設台帳等により記載さ
　れている。　　□　　　　　　□

②経過年数は、建築年月と調査開始年月を比較し、1年に満たない場合
　は切り上げている。　　□　　　　　　□

2．調査単位

①調査建物の建築年は同一である。　　YES □　NO □　　YES □　NO □
　NOの場合は、調査票が別葉にされている。　□　　　　　□

②調査建物は構造的に一体である。　　YES □　NO □　　YES □　NO □
　NOの場合は、別棟と見なし、調査票が別葉にされている。　□　　　　　□

3．適用範囲

①調査建物は木造のみである。（混合構造または複合構造ではない。）　YES □　NO □　　YES □　NO □
　NOの場合は、鉄筋コンクリート造（以下「RC造」という。）部分
　についてはRC造の調査票が、鉄骨造部分については鉄骨造の調査票
　が、それぞれ作成されている。　　□　　　　　□

②一般的な長方形型の建物である。　　YES □　NO □　　YES □　NO □
　NOの場合は、専門家の鑑定により耐力度調査が行われている。　□　　　　　□

4．端数整理

①耐力度調査点数の有効桁数は所定の方法で記入されている。　　□　　　　　　□

5．再調査

①当該建物は、初調査である。　　YES □　NO □　　YES □　NO □
　NOの場合は、調査してから年数が経過したので、経過年数が見直
　されている。長寿命化改修が行われている場合は、改修時点からの
　経年変化が評価されている。　　□　　　　　□

第5章　耐力度調査チェックリスト　61

<table>
<tr><td></td><td colspan="2">設置者記入欄</td><td colspan="2">都道府県記入欄</td></tr>
<tr><td></td><td>確認</td><td>該当なし</td><td>確認</td><td>該当なし</td></tr>
</table>

６．添付資料

①図面、写真、ボーリングデータ、その他必要資料が報告書に添付されている。　□　　□

７．配置図、平面図、断面図

①設計図書、または耐震診断・補強時の設計図書の形状・寸法、用途区分が施設台帳と照合されている。　□　　□

８．建物全景写真

①各面が把握できる写真が報告書に添付されている。　□　　□

９．構造図

①建築時の設計図書、または耐震診断・補強時の設計図書、あるいは実測により作成されている。　□　　□

②建築時の設計図書（伏図、軸組図、柱・梁リスト）、または耐震診断・補強時の設計図書と実物は、同様である。

　　　　　　　　　　　　　　　　　　　　　　　　　YES　NO　　　YES　NO
　　　　　　　　　　　　　　　　　　　　　　　　　□　□　　　□　□

　NOの場合は、実測値をもとに構造図が作成されている。　□←　　□←

１０．基本的な考え方

①未測定の項目は、満点評価されている。　□　　□

②必ず測定しなければならない項目は全て測定されている。　□　　□

１１．調査者

①調査者は１級建築士または２級建築士である。　□　　□

（第２　構造耐力）

１．共通事項

①－１いわゆる新耐震設計基準施行以前に設計された建物であり、耐震診断を既に実施している。　□⟶ 2(A)へ　□⟶ 2(A)へ

①－２いわゆる新耐震設計基準施行以降に設計された建物である。　□⟶ 2(B)へ　□⟶ 2(B)へ

①－３いわゆる新耐震設計基準施行以前に設計された建物であり、耐震診断を実施していない。　□⟶ 2(C)へ　□⟶ 2(C)へ

２（A）．保有耐力（旧耐震・耐震診断実施済み）

①I_wは地域係数 Z を 1.0 として算定されている。　□　　□

②接合金物K_jを 1.0 として算定している。　□　　□

③偏心K_rを 1.0 として算定している。　□　　□

④基礎構造K_fを 1.0 として算定している。　□　　□

２（B）．保有耐力（新耐震建築物）

①水平耐力 q の評点を 1.0 とした。　□　　□

②平成 12 年 6 月以降に建設された建物の場合は、接合金物K_jを 1.0 として算定している。　□　　□

③平成 12 年 6 月以降に建設された建物の場合は、偏心K_rを 1.0 として算定している。　□　　□

④基礎構造K_fを 1.0 として算定している。　□　　□

２（C）．保有耐力（旧耐震・耐震診断未実施）

①今般の耐力度調査の際に耐震診断を新たに行っている。　□⟶ 2(A)へ　□⟶ 2(A)へ

３．構法の特性

①筋かいの断面が 9 cm 以上または、面材耐力壁の確認を行っている。　□　　□

62　第 5 章　耐力度調査チェックリスト

	設置者記入欄		都道府県記入欄	
	確認	該当なし	確認	該当なし
②方杖のとりつく柱の径の確認を行っている。	☐		☐	

4．基礎構造
①基礎の判別（基礎Ⅰ、Ⅱ、Ⅲ）を行っている。　☐　　☐
②敷地地盤の被害予測を行っている。　☐　　☐

5．地震による被災履歴
①被災履歴が確認されている。　☐　　☐

（第 3　健全度）
1．経年変化
①長寿命化改良事業未実施の建物である。

	YES	NO	YES	NO
	☐	☐	☐	☐

　NOの場合は、t_2 を用いた式により評価がなされている。　☐　　　☐

2．木材の腐朽度
①各項目の数値、寸法を添付の資料等で確認した。　☐　　☐
②腐朽箇所、腐朽長が適切に測定されている。　☐　　☐

3．基礎の状態
①ひび割れの有無、不同沈下量が計測されている。　☐　　☐
②割れの影響範囲を考慮して基礎長さを算定している。　☐　　☐

4．部材の傾斜、たわみ
①柱の傾斜、床のたわみが計測されている。　☐　　☐

5．床鳴り、振動障害
①床鳴り、振動障害が判別されている。　☐　　☐

6．火災の被災経験
①火災による被災経験が判別されている。　☐　　☐

7．雨漏り痕の有無
①雨漏り痕の有無とその状態が判別されている。　☐　　☐

（第 4　立地条件）
1．地震地域係数
①地震地域係数は、建設省告示第 1793 号（最終改正：平成 19 年国土
　交通省告示第 597 号）第 1 と整合がとれている。　☐　　☐

2．地盤種別
①地盤種別は、基礎下の地盤を対象に建設省告示第 1793 号（最終改正:
　平成 19 年国土交通省告示第 597 号）第 2 に基づいて区分している。　☐　　☐

3．敷地条件
①平坦地である。

	YES	NO	YES	NO
	☐	☐	☐	☐

　NOの場合は、崖地あるいは盛土に該当することを、敷地図あるいは
　実測により確認している。　☐　　　☐

4．積雪寒冷地域
①積雪寒冷地域は、義務教育諸学校等の施設費の国庫負担等に関する
　法律施行令第 7 条第 5 項の規定に基づいている。　☐　　☐

5．海岸からの距離
①海岸線までの距離は、地図で確認されている。　☐　　☐

第6章　　耐震診断未実施建物の耐力度調査票

本耐力度調査は、下記の条件を全て満たす場合に限り使用することができる。
・新耐震設計基準以前の基準で建てられた建物。
・耐震診断が実施されておらず、診断結果を利用した耐力度調査ができない。

（表面）

木造の建物の耐力度調査票（積雪寒冷地以外の地方）

I 調査学校

都道府県名		学校名		設置者名		学校調査番号	
調査期間	平成　年　月　日～平成　年　月　日						

調査者	調査者	職名	会社名	氏名	一級建築士登録番号	印
	予備調査者			氏名	一級建築士登録番号	印

II 調査建物

建物区分		棟番号		階数	＋	面積	一階面積　㎡ / 延べ面積　㎡
建築年月	経過年数						

建物の経過年数： 年長寿命 月化年月 ／ 経過年数　年

被災歴： 種類　被災年　年

補修歴： 内容　補修年　年

III 結果

		結果	耐力度数
Ⓐ	構造耐力	点	Ⓐ×Ⓑ×Ⓒ
Ⓑ	健全度	点	
Ⓒ	立地条件	点	点

Ⓐ 構造

区分	第一列	評点	第二列	評点	第三列	評点	第四列	評点
① 基礎構造	べた基礎	5	布基礎	4	ブロック基礎	2	その他の基礎	Ⓧ 0
② 土台	柱と同寸法以上の土台があるもの	5	柱と同寸法未満の土台があるもの	4	古材を使用した土台があるもの	3	土台がないもの	Ⓨ 0

たるみ／たわみによるアンバランスの算定

0.002＜max(θ₁,θ₂)≦0.005	直線補間
0.005＜max(θ,θ₂)	0.5

⑤ 床鳴り、振動障害 A

床鳴りの有無 α
- 無し:0
- 軽微な床鳴り:1
- 多数の床鳴り:2

振動障害の有無 β
- 無し:0
- 時々振動を感知:1
- 常に振動を感知:2

合計 α+β	判別式	評点
α+β≦1		1.0
α+β=2		0.9
3≦α+β		0.8
		Ⓧ

⑥ 火災の被災経験 S

- 無被害:0
- 煙害程度:0
- 非構造材被害 小:1
- 非構造材被害 大:2
- 構造材被害 有:3
- 被害部を新材で補修:0

判別式	S	評点
	S≦1	1.0
	S=2	0.95
	S=3	0.9
		Ⓨ

⑦ 雨漏り痕の有無 U

- 雨漏り痕無:0
- 一部有(乾燥):0
- 一部有(湿潤):2
- 多数有(乾燥):1
- 多数有(湿潤):3

判別式	U	評点
	U≦1	1.0
	U=2	0.95
	U=3	0.9
		Ⓩ

Ⓒ 立地条件

	① 地震地域係数	② 地盤種別	③ 敷地条件	④ 積雪寒冷地域	⑤ 海岸からの距離
	四種地域　1.0	一種地盤　1.0	平坦地　1.0	その他地域　1.0	海岸から8kmを超える　1.0
立地条件	三種地域　0.9	二種地盤　0.9	傾斜地／崖地(3m未満)　0.9	二級積雪寒冷地域　0.9	海岸から8km以内　0.9
	二種地域　0.85	三種地盤　0.8	崖地(3m以上)　0.8	一級積雪寒冷地域　0.8	海岸から5km以内　0.8
	一種地域　0.8				

評価　Ⓒ ＝ (①+②+③+④+⑤)/5 ＝ (　＋　＋　＋　＋　)/5 ＝ 点

評点　Ⓒ □ 点

（裏面）

1. 調査建物の各階の平面図，断面図を単線で図示し，耐力壁は，他と区別できるような太線とする。

2. 寸法線と寸法（単位メートル）を記入する。

3. 余白に縮尺，建築年，延べ面積を記入する。

学 校 名	調 査 者 の 意 見

（表面）

木造の建物の耐力及び劣化度調査票（別表その△×△地ハ）

I 調査

都道府県名	設置者名	学校名	学校調査番号	調査期間 平成	年 月 日 ～ 平成	年 月 日	調査者 氏名
							一級建築士登録番号 職名
							補助調査者 氏名 一級建築士登録番号 会社名

II 結果

区分			III 結果	点数	評点 度
			構造耐力	(Ⓐ) 点	
			健全度	(Ⓑ) 点	Ⓐ×Ⓑ×Ⓒ
			立地条件	(Ⓒ) 点	

被災歴・補修歴

種類	被災 年	補修 内容	補修 年
雨漏り痕			

建物の経過年数：建築 年月 経過 年数、長寿命化年月 経過 年数

Ⓐ 構造耐力

	区分	第一列	評点	第二列	評点	第三列	評点	第四列	評点
①	基礎構造	べた基礎	5	布基礎	4	ブロック基礎	2	その他の基礎	0
②	土台	柱と同寸法以上の土台があるもの	5	柱と同寸法未満の土台があるもの	4	古材を使用した土台があるもの	3	土台がないもの	0
③ 柱	2階建ての場合における1階の柱 / 平屋の場合における柱	断面積が15cm角以上のもの又は13.5cm角のもの2本	5	断面積が12cm角以上のもの又は12cm角のもの2本	4	断面積が13.5cm角未満のもの	3	断面積が13.5cm角未満のもの	0
		断面積が13.5cm角以上のもの又は12cm角のもの2本	5	断面積が12cm角以上のもの又は10.5cm角のもの2本	3	断面積が11.5cm角未満のもの	2	断面積が11.5cm角未満のもの	0
④ 壁	張間方向	6＜壁長さ(cm)/床面積(m²)	7	4＜壁長さ(cm)/床面積(m²)≦6	5	2＜壁長さ(cm)/床面積(m²)≦4	3	壁長さ(cm)/床面積(m²)≦2	0
	開口部	固定間仕切間の距離が9mを こえるもの	5	固定間仕切間の距離が9mを こえ18m以下のもの	3	固定間仕切間の距離が18mを こえ27m以下のもの	1	固定間仕切間の距離が27mを こえるもの	0
④ 壁	桁行方向 壁長	6＜壁長さ(cm)/床面積(m²)	5	4＜壁長さ(cm)/床面積(m²)≦6	3	2＜壁長さ(cm)/床面積(m²)≦4	2	壁長さ(cm)/床面積(m²)≦2	0
	延長	一般室の外壁及び仕切り仕切の壁で開口部のない壁体の延長が7.2m以上のもの	5	一般室の外壁及び仕切り仕切の壁で開口部のない壁体の延長が5.4m以上7.2m未満のもの	4	一般室の外壁及び仕切り仕切の壁で開口部のない壁体の延長が3.6m以上5.4m未満のもの	2	一般室の外壁及び仕切り仕切の壁で開口部のない壁体の延長が3.6m未満のもの	0
⑤ 筋かい及び控柱	張間方向 平屋	柱一つおきに筋かいもしくは柱一つおきに筋かいが取り付けてあるもの又は組んだ控柱がある	5	柱二つ割の片筋かいもしくは柱一つ割の筋かいが取り付けてあるもの又は組んでいない控柱がある	3	左記の構造以下の筋かいが取り付けてあるもの	1	筋かいも控柱もないもの	0
	2階以上								
	桁行方向 平屋	柱と同寸法のたすき筋かい又は柱二つ割のたすき筋かいが取り付けてある	5	柱二つ割の片筋かい又は柱二つ割の筋かいが取り付けてあるもの	3	左記の構造以下の筋かいが取り付けてあるもの	1	筋かいも控柱もないもの	0
	2階以上								
⑥ 屋根ふき材料		トタンぶき又は土居ぶきの類	3	スレートぶきの類	2	瓦又はセメント瓦の類	1	かやぶきの類	0

Ⓐ 点数 ⑦、合計（上記の計　）+50＝（　　）……Ⓐ

Ⓑ 健全度

	区分				判別式（建築時からの経過年数） T＝(40−t₀)/40 ＝	判別式（長寿命化改良後の経過年数）T＝(30−t₁)/40 ＝	判別式		評点	評点
① 経年変化 T	経過年数 t		年	経過年数 t₁　年	経過年数 t₂　年		T＝ (40−t₀)/40		Ⓥ	Ⓥ(㋥×20) 点
② 木材の腐朽度 D	外壁土台・外壁柱	部位 腐朽度の判定	外壁土台 外壁柱	腐朽長 腐朽本数	外壁柱本数	腐朽度d₁ 腐朽度d₂	max(d₁,d₂)≦0.3 / 0.3＜max(d₁,d₂)≦0.6 / 0.6＜max(d₁,d₂)	1.0 / 0.5 直線補間	㋑	㋑(㋑×20) 点
	床梁・小屋梁	部位 腐朽度の判定	2階床梁 1階床梁	腐朽長 腐朽本数	小屋梁本数 小屋梁本数	腐朽度d₃ 腐朽度d₄	max(d₃,d₄)≦0.3 / 0.3＜max(d₃,d₄)≦0.6 / 0.6＜max(d₃,d₄)	1.0 / 0.5 直線補間	㋺	㋺(㋺×20) 点
③ 基礎の状態 F	基礎の劣化	割れ有の基礎 外周基礎全長	外周基礎全長	健全度dᶠ	沈下率 φf	max(φᵣ,φ×100)≦0.2 / 0.2＜max(φᵣ,φ×100)≦0.5 / 0.5＜max(φᵣ,φ×100)	1.0 / 0.5 直線補間		㋩	㋩(㋩×20) 点
	柱の傾斜 張間方向	方向 傾斜率の測定	張間方向	傾斜長 傾斜率r₁	測定柱高	傾斜率r₂	max(r₁,r₂)≦0.002 / 0.002＜max(r₁,r₂)≦0.005 / 0.005＜max(r₁,r₂)	1.0 / 0.5 直線補間	㋥	㋥(㋥×15) 点
	桁行方向	部位 相対たわみ θ の算定	桁行方向	傾斜長 相対たわみ θ₁	測定柱高 最大スパン	相対たわみ θ₂	max(θ₁,θ₂)≦0.002 / 0.002＜max(θ₁,θ₂)≦0.005 / 0.005＜max(θ₁,θ₂)	1.0 / 0.5 直線補間	㋬	㋬(㋬×15) 点
④ 床梁・小屋梁のたわみ R	床梁のたわみ	部位 相対たわみ θ の算定	2階床梁 1階床梁	たわみ量 相対たわみ θ₁	最大スパン	たわみ量 θ₂	α+β≦1 / α+β＝2 / 3≦α+β	1.0 / 0.9 / 0.8	㋣	
⑤ 床鳴り、振動障害 A	床鳴りの有無 α	無し:0 軽微な床鳴り:1 多数の床鳴り:2	振動障害の有無 β	無し:0 時々振動を感知:1 常に振動を感知:2	合計 α+β		S≦1 / S＝2 / S＝3	1.0 / 0.95 / 0.9	㋠	㋠(㋠×10) 点
⑥ 火災の被災経験 S	無被害:0 煙害程度:0	構造材被害 小:1 非構造材被害 大:2	構造材被害 有:3 経過部を新材で補修:0				U≦1 / U＝2	1.0 / 0.95 / 0.9	㋷	㋷(㋷×15) 点

Ⓑ＝㋥×min(㋑,㋺,㋩)

評点合計 ㋩＝(㋑+㋺+㋩+㋥+㋬+㋣+㋠+㋷)

Ⓒ 立地条件

	区分	種別	評価				
① 地震地域係数	四種地域 1.0 / 三種地域 0.9 / 二種地域 0.85 / 一種地域 0.8						
② 地盤	一種地盤 1.0 / 二種地盤 0.9 / 三種地盤 0.8						
③ 敷地	平坦地 1.0 / 傾斜地(3m未満) 0.9 / 崖地(3m以上) 0.8						
④ 積雪寒冷地域	その他地域 1.0 / 二級積雪寒冷地域 0.9 / 一級積雪寒冷地域 0.8						
⑤ 海岸からの距離	海岸から8kmを超える 1.0 / 海岸から5～8km以内 0.9 / 海岸から5km以内 0.8						

Ⓒ＝(①＋②＋③＋④＋⑤)/5 ＝ 点

評点

（裏面）

1. 調査建物の各階の平面図，断面図を単線で図示し，耐力壁は，他と区別できるような太線とする。
2. 寸法線と寸法（単位メートル）を記入する。
3. 余白に縮尺，建築年，延べ面積を記入する。

学校名

調査者の意見

学校名

方位

第 7 章　　耐震診断未実施建物の耐力度調査票付属説明書

68　第 7 章　耐震診断未実施建物の耐力度調査票付属説明書

7.1　一 般 事 項

⑴　調査対象学校　　公立の小学校、中学校、義務教育学校、高等学校、中等教育学校、特別
　　　　　　　　　　支援学校及び幼稚園とする。

⑵　調査対象建物　　調査対象学校の木造の校舎、屋内運動場、寄宿舎のうち、耐震診断を実
　　　　　　　　　　施していない建物とする。

⑶　調　査　単　位　　校舎、屋内運動場、寄宿舎の別に平屋部分、二階建部分別にさらに同一
　　　　　　　　　　棟で建築年、建築構造の異なる部分があるとき、または耐力度の著しく
　　　　　　　　　　異なる部分があるときは、その異なる部分ごとの範囲を調査単位とす
　　　　　　　　　　る。また、エキスパンションジョイントがある場合には別棟とみなす。
　　　　　　　　　　ただし、主棟に接続して建てられている便所、物置等の付属建物で、そ
　　　　　　　　　　の棟を改築する場合、当然とりこわされる部分は主棟に含めることがで
　　　　　　　　　　きる。

⑷　調　査　票　　「第 6 章　耐震診断未実施建物の耐力度調査票」による。

⑸　そ　の　他　　木造以外の建物は RC 造、S 造または CB 造の調査票を作成する。

7.2 測定方法

　木造建物のうち、耐震診断を実施していない建物に関する耐力度調査は第6章を基に測定することとし、その実施に当たっては、以下の事項に留意する。また、Ⓐ構造耐力以外の測定項目については、原則として「第3章 耐力度調査票付属説明書」によるものとする。

7.2.1 Ⓐ構造耐力の記入方法

(1) 目的

　この欄は耐力度測定を行う建物が現時点において、どの程度耐力があるかを評価するものである。

(2) 構造耐力の測定範囲

　校舎、寄宿舎にあっては、耐力度測定を行う建物で、屋内運動場にあっては主室全体で行う。

(3) 各欄の記入説明

　調査票には建物の主要構造部分について「基礎構造」「土台」「柱」「壁体」「筋かい及び控柱」「屋根ふき材料」の別に欄が設けられている。それらはさらに第1列から第4列のように使用材料形態、寸法によって区分されている。以下の説明によって測定する測定室の①～⑥部分が第1列から第4列のいずれに該当するかを調べ、その該当列の評点を○で囲むものとする。

① 基礎構造

　建物の外周部（図㋐～㋔のF）の基礎構造について評点する。両側がそれぞれ異なる構造のときの校舎、寄宿舎の場合は、外壁下の基礎のうち図示の部分（図㋓、㋔のF）について、屋内運動場の場合は同一構造の延長の多いもので評点する。異なる基礎が混在する場合にはもっとも長く用いられている基礎を対象とする。

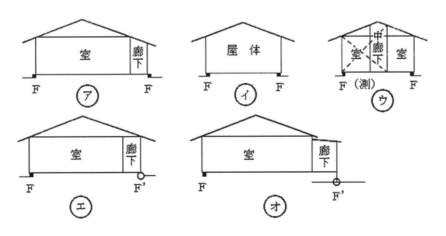

70　第7章　耐震診断未実施建物の耐力度調査票付属説明書

　（注）　布基礎とは、建物荷重を地盤へ等分布状態に伝えるように造られたものをいう。

②　土台

　測定室の桁行方向の両側外壁土台について評点する。ただし、中廊下の場合は測定室外側の土台について評点する。両側がそれぞれ異なるときは、校舎、寄宿舎の場合は測定室外壁土台（前図㋤、㋬のＦ）側について、屋内運動場の場合は断面寸法の小さい側について評点する。

③　柱

　校舎、寄宿舎の場合は測定室の桁行方向の外壁柱、屋内運動場の場合は主室の桁行方向の外壁柱について、その断面寸法を評点する。両側が異なる断面のときの校舎、寄宿舎の場合は、測定室の室外壁柱（前図㋤、㋬のＦ）側について、屋内運動場の場合は、同一断面の多い側の柱について評点する。

　断面寸法が調査票第1列から第4列の区分間の前列と後列の中間寸法のときは下位列の断面として扱う。

　また、添柱が第1列、第2列記載の断面と異なるときは、その添柱と本柱の断面積の合計と調査票記載の断面寸法を比較し、その断面に近い下位の列ものとして評点する。

　（注）　柱の断面寸法は実測寸法とする。

④　壁体

ⅰ）　壁長

　測定室の張間方向、桁行方向の壁面について評点する。壁の長さと壁の間隔が対象である。壁長さとは無開口の壁の長さを測り、筋かいの有無、大壁、真壁は問わない。開口壁は長さに含まない。面積は対象建物の面積とする。

ⅱ）　間隔

　この評点は測定室に限らず調査建物内のどの室で行ってもよい。

固定間仕切壁間の距離は当該固定間仕切壁に開口部がある場合次の補正を行う。

両側の固定間仕切壁に設けられた開口部の数	1〜2箇所	3〜4箇所	5〜6箇所	7箇所以上
固定間仕切壁間の補正後の距離	1.25倍	1.5倍	1.75倍	2倍

　（注）　1　連続窓の場合の開口部の数は延べ約1.8mごとに1箇所とする。

　　　　　2　開口部とは窓、出入口、ランマをいい、換気ガラリ、目鏡石取り付け箇所は除く。（以下同じ。）

　　　㋐　折りたたみ式間仕切壁、取外し式間仕切壁等必要に応じ取外すようなものは、固定間仕切壁としない。

　　　㋑　固定間仕切壁であって、その柱の上部、下部のいずれかが主要横架材に取り付け

ていない場合は、この項の評点上の固定間仕切壁としない。

一つの室で建築年の異なる部分があるときの間仕切の間隔は下図のごとくA棟、B棟調査票共、15mとして評点する。

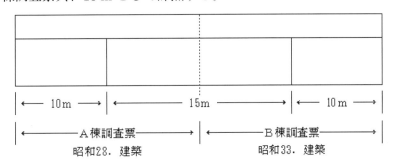

iii) 延長

〔校舎、寄宿舎の場合〕

測定室の次図 abc の壁体のうち開口部のない壁の延長を測り評点する。

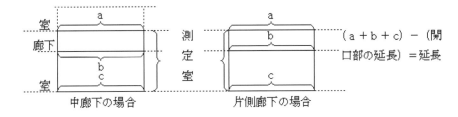

測定室以外の室でその延長が著しく異なるときは、その平均によって評点する。

〔屋外運動場の場合〕

屋外運動場主室の桁行両側外壁の延長に対する当該壁の開口部を除いた壁延長の割合によって評点する。

この場合の桁行外壁とは下図の I の部分がその例である。

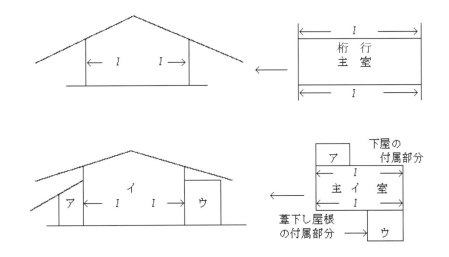

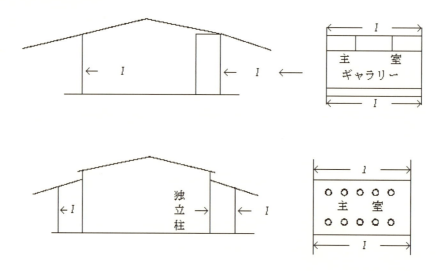

⑤ 筋かい及び控柱

張間方向、桁行方向によって評点する。

評点の対象は次の通りとする。

(ア) 校舎、寄宿舎の場合

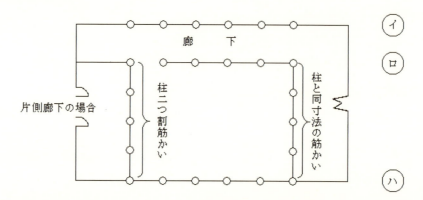

筋かいのうち異なる種類のものが取り付けてあるときはその上位のものとして評点する。図の左方の間仕切は柱二つ割筋かい、右方の間仕切は柱と同寸法の筋かいの場合の例である。この評点は「柱と同寸法の筋かい」が取り付けてあるものとして評点する。なお、桁行方向についても同様な方法でイロハの壁の筋かいを測定する。イの桁行外壁が下屋であっても測定上の区分はしない。

(イ) 屋内運動場の場合

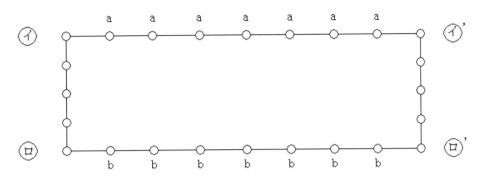

　張間方向、a〜bの架構について評点する。第1列〜第4列の条件の中間数値のものは、下位の列のものとして評点する。例えば、「組んだ控柱が4.5 m ごと」の場合は第2列として評点する。桁行方向イ〜イ'、ロ〜ロ'の桁行外壁の筋かい、控柱については校舎、寄宿舎の桁行方向の場合と同様な方法で評点する。

　評点では次のことに留意すること。
　　(ア) 筋かいの断面寸法が第1列〜第3列の説明の断面の中間寸法のときは、その下位の列として扱う。
　　(イ) 鉄筋筋かいの場合は第3列として評点する。
　　(ウ) 水平トラスは調査対象としていない。
　　(エ) 筋かい、控柱が測定時に構造上有効に働いていないものでも評点の対象とする。
　　(オ) 控柱が建物片側のみに取り付けてあっても両側に取り付けてあっても評点上の区別はしない。

　「トラスに組んだ控柱」「組んだ控柱」及び「組んでない控柱」の区別は次の通りとする。

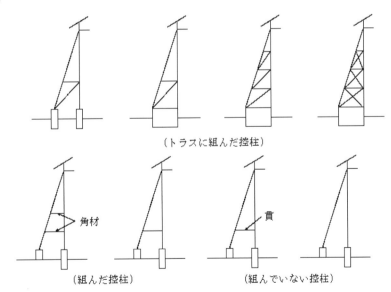

74 第7章 耐震診断未実施建物の耐力度調査票付属説明書

⑥ 屋根ふき材料

屋根のふき上材料の種類によって評点する。なお、各列の区分は次の例による。

第1列	第2列	第3列	第4列
杮ぶき（柾、杉皮）薄鉄板、銅板、トタンぶき、ジュラルミン	スレートぶき（天然石綿）、ガラスぶき、通常の石置屋根	瓦、セメント瓦厚型ストレート	かやぶきの類その他

屋根上に玉石の類の「おもり」を載せてある場合は、その実際の重さを考慮の上評点する。例えば杉皮等で玉石を載せてある場合は、一段階下のものと考え第2列として評点する。

⑦ 点数小計

①～⑥までの評点を各列ごとに加え、その評点小計を記入する。

（注）①～⑥までの評点は第1列～第4列のいずれか1箇所のみである。

合計

（上記の計）欄に各列小計点数の合計数を記入する。その点数に50を加え（　）内へ記入する。この点数が④構造耐力の点数となる。

(4) 評点上の特例

評点をすべき土台、柱、筋かい、控柱が次に該当するときは、当該説明による評点の下位の評点とする。この場合の評点は□で囲む。

　(ア) 移築、移転建物の土台、柱、筋かい、控柱。

　(イ) 新築、移築、移転後腐朽または損傷した土台、柱、筋かい、控柱を、それぞれ全部または一部取替え、根継をなし、または構造補強の目的で従来なかった土台、筋かい、控柱、添柱をそれぞれ全部または一部新たに設けた場合。

　(ウ) 平屋であったものに2階を増築（いわゆる「おかぐら建築」）した建物の柱。

　（注）(ア)の移築、移転建物に該当し、さらにそれが完成後(イ)に該当するときは2列下位として評点される。

(5) 特例評点した建物の調査票「Ⅱ」の「補修歴」欄または調査票裏面へ該当内容を記入する。

第 8 章　　耐震診断未実施建物の耐力度調査チェックリスト

76 第8章 耐震診断未実施建物の耐力度調査チェックリスト

耐力度調査チェックリスト

－木造（耐震診断未実施）－

都道府県名		設置者名		学校名	

対象建物	棟番号		構造・階数		建築年		面積	

耐力度点数	都道府県確認者の所見	聴取済印
点		

調査者 (市町村)		確認者 (都道府県)		聴取日	年　　月　　日

※太枠の中は都道府県が記入する。

□にはレ印を付す。

	設置者記入欄		都道府県記入欄	
	確認	該当なし	確認	該当なし

（第1　一般事項）

1．調査建物

①耐力度調査票の設置者名、学校名、建物区分、棟番号、階数、延べ面積、建築年、経過年数、被災歴及び補修歴は施設台帳等により記載されている。 □　□

②経過年数は、建築年月と調査開始年月を比較し、1年に満たない場合は切り上げている。 □　□

2．調査単位

①調査建物の建築年は同一である。 〔YES □ / NO □〕〔YES □ / NO □〕
　　NOの場合は、調査票が別葉にされている。

②調査建物は構造的に一体である。 〔YES □ / NO □〕〔YES □ / NO □〕
　　NOの場合は、別棟と見なし、調査票が別葉にされている。

3．適用範囲

①調査建物は木造のみである。（混合構造または複合構造ではない。） 〔YES □ / NO □〕〔YES □ / NO □〕
　　NOの場合は、鉄筋コンクリート造（以下「RC造」という。）部分についてはRC造の調査票が、鉄骨造部分については鉄骨造の調査票が、それぞれ作成されている。

②一般的な長方形型の建物である。 〔YES □ / NO □〕〔YES □ / NO □〕
　　NOの場合は、専門家の鑑定により耐力度調査が行われている。

4．端数整理

①耐力度調査点数の有効桁数は所定の方法で記入されている。 □　□

5．再調査

①当該建物は、初調査である。 〔YES □ / NO □〕〔YES □ / NO □〕
　　NOの場合は、調査してから年数が経過したので、経過年数が見直されている。長寿命化改修が行われている場合は、改修時点からの経年変化が評価されている。

第8章　耐震診断未実施建物の耐力度調査チェックリスト　77

	設置者記入欄		都道府県記入欄	
	確認	該当なし	確認	該当なし

6．添付資料

①図面、写真、ボーリングデータ、その他必要資料が報告書に添付されている。　□　□　□　□

7．配置図、平面図、断面図

①設計図書、または耐震診断・補強時の設計図書の形状・寸法、用途区分が施設台帳と照合されている。　□　□　□　□

8．建物全景写真

①各面が把握できる写真が報告書に添付されている。　□　□　□　□

9．構造図

①建築時の設計図書、または耐震診断・補強時の設計図書、あるいは実測により作成されている。　□　□　□　□

②建築時の設計図書（伏図、軸組図、柱・梁リスト）、または耐震診断・補強時の設計図書と実物は、同様である。
　NOの場合は、実測値をもとに構造図が作成されている。
（YES □ / NO □ → □　設置者欄）（YES □ / NO □ → □　都道府県欄）

10．基本的な考え方

①未測定の項目は、満点評価されている。　□　□　□　□

②必ず測定しなければならない項目は全て測定されている。　□　□　□　□

11．調査者

①調査者は1級建築士または2級建築士である。　□　□　□　□

（第2　構造耐力）

1．共通事項

①いわゆる新耐震設計基準施行以前に設計された建物であり、耐震診断を実施していない。　□　□　□　□

②構造耐力の測定範囲は、校舎、寄宿舎にあっては建物で、屋内運動場にあっては主室全体で行っている。　□　□　□　□

2．基礎構造

①測定室の桁行方向の両側外壁下の基礎構造は同じ構造である。
　NOの場合は、校舎、寄宿舎にあっては測定室側の外壁下の基礎構造で、屋内運動場にあっては同一構造の延長の多いもので評価されている。
（YES □ / NO □ → □　設置者欄）（YES □ / NO □ → □　都道府県欄）

3．土台

①測定室の桁行方向の両側外壁下の土台は同じ断面である。
　NOの場合は、校舎、寄宿舎にあっては測定室側の外壁土台で、屋内運動場にあっては断面寸法の小さい土台で評価されている。
（YES □ / NO □ → □　設置者欄）（YES □ / NO □ → □　都道府県欄）

②調査建物は、片廊下形式の校舎、寄宿舎または屋内運動場である。
　NOの場合は、測定室外側の土台で評価されている。
（YES □ / NO □ → □　設置者欄）（YES □ / NO □ → □　都道府県欄）

4．柱

①測定室の桁行方向の両側外壁柱は同じ断面である。
　NOの場合は、校舎、寄宿舎にあっては測定室側の室外壁柱で、屋内運動場にあっては同一断面の多い側の柱で評価されている。
（YES □ / NO □ → □　設置者欄）（YES □ / NO □ → □　都道府県欄）

②断面寸法が調査票第1列から第4列の区分と同じ寸法である。
　NOの場合は、下位列の断面寸法として評価されている。
（YES □ / NO □ → □　設置者欄）（YES □ / NO □ → □　都道府県欄）

78　第8章　耐震診断未実施建物の耐力度調査チェックリスト

	設置者記入欄		都道府県記入欄	
	確認	該当なし	確認	該当なし

③添柱が第1列、第2列記載の断面と同じ寸法である。
　NOの場合は、その添柱と本柱の断面積の合計と調査票記載の断面寸法を比較し、その断面に近い下位の列のものとして評価されている。

④柱の断面寸法は、実測寸法であることを確認した。

5.壁体

①間隔の測定は、開口部の数による補正を行った。

②折りたたみ式間仕切壁、取外し式間仕切壁等が、固定間仕切壁となっていないことを確認した。

③固定間仕切壁の柱の上部、下部のいずれかが主要構造材に取り付けてある。
　NOの場合は、評点上の固定間仕切壁としていない。

④測定室内は、建築年が同一である。
　NOの場合は、どちらの棟とも、その室の間仕切の間隔で評価されている。

⑤測定室以外の室の延長は、測定室とほぼ同じである。
　NOの場合は、校舎、寄宿舎にあっては平均によって評価されている。屋内運動場にあっては主室の桁行両側外壁の延長に対する当該壁の開口部を除いた壁延長の割合によって評価されている。

6.筋かい及び控柱

①校舎、寄宿舎において測定室の筋かいは、全て同じ種類である。
　NOの場合は、上位のもので評価されている。

②屋内運動場において1）～5）に留意して評価されている。
　1）筋かいの断面寸法が第1列～第3列の説明の断面の中間寸法のときは、その下位のもので評価する。
　2）鉄筋筋かいの場合は第3列として評価する。
　3）水平トラスは調査対象としていない。
　4）筋かい、控柱が、構造上有効に働いていないものでも評価の対象とする。
　5）控柱が、片側のみまたは両側に取り付けてあっても評点上の区別はしない。

7.屋根ふき材料

①屋根のふき上材料の種類によって評価されている。
　NOの場合は、おもりを載せてあるので実際の重さを考慮して評価されている。

8.評点上の特例

①移築、移転、増築、取り替え及び補強等のない建物である。
　NOの場合は、土台、柱、筋かい及び控柱について適切に評価されている。

		設置者記入欄		都道府県記入欄	
		確認	該当なし	確認	該当なし

（第3　健全度）

１．経年変化

①長寿命化改良事業未実施の建物である。　　　　　　　　YES　NO　　YES　NO　□　□　　□　□

　NOの場合は、t_2を用いた式により評価がなされている。　□←　　□←

２．木材の腐朽度

①各項目の数値、寸法を添付の資料等で確認した。　　　　□　　　　□

②腐朽箇所、腐朽長が適切に測定されている。　　　　　　□　　　　□

３．基礎の状態

①ひび割れの有無、不同沈下量が計測されている。　　　　□　　　　□

②割れの影響範囲を考慮して基礎長さを算定している。　　□　　　　□

４．部材の傾斜、たわみ

①柱の傾斜、床のたわみが計測されている。　　　　　　　□　　　　□

５．床鳴り、振動障害

①床鳴り、振動障害が判別されている。　　　　　　　　　□　　　　□

６．火災の被災経験

①火災による被災経験が判別されている。　　　　　　　　□　　　　□

７．雨漏り痕の有無

①雨漏り痕の有無とその状態が判別されている。　　　　　□　　　　□

（第4　立地条件）

１．地震地域係数

①地震地域係数は、建設省告示第 1793 号（最終改正：平成 19 年国土
　交通省告示第 597 号）第 1 と整合がとれている。　　　　□　　　　□

２．地盤種別

①地盤種別は、基礎下の地盤を対象に建設省告示第 1793 号（最終改正：
　平成 19 年国土交通省告示第 597 号）第 2 に基づいて区分している。　□　　　　□

３．敷地条件

①平坦地である。　　　　　　　　　　　　　　　　　　YES　NO　　YES　NO　□　□　　□　□

　NOの場合は、崖地あるいは盛土に該当することを、敷地図あるいは
　実測により確認している。　　　　　　　　　　　　　□←　　□←

４．積雪寒冷地域

①積雪寒冷地域は、義務教育諸学校等の施設費の国庫負担等に関する
　法律施行令第 7 条第 5 項の規定に基づいている。　　　　□　　　　□

５．海岸からの距離

①海岸線までの距離は、地図で確認されている。　　　　　□　　　　□

第9章　耐力度測定報告書作成例

例1　〔2階建て校舎〕

本例の要旨

　本例題で用いた建物は、木造2階建て、片廊下式の校舎である。

　この建物の設計図書は現存していないため、耐震診断時に現地調査を行った。

　構造耐力の計算では、耐震診断の結果を用いて評価している。

【編集部注】

　本例題は、モデル建物を例題として模擬的に耐力度測定報告書に整理したものであり、特定の建物について評価したものではありません。

82 第9章 耐力度測定報告書作成例

別表第3
（表面）

木造の建物の耐力度調査票

	IV 学校種別	V 整理番号
	小学校	○○

III 結果点数

Ⓐ 構造耐力	54 点	耐力度
Ⓑ 健全度	75 点	Ⓐ×Ⓑ×Ⓒ
Ⓒ 立地条件	0.98 点	**3969** 点

I 調査学校	都道府県名	設置者名	学校名	学校調査番号	調査期間		
	○○県	○○市	○○小学校	○○○○	平成**年**月**日～平成**年**月**日		

調査者	職名 ○○	一級建築士登録番号 ○○○○○○○	氏名 ○○ ○○ ㊞
予備調査者	会社名 ○○	一級建築士登録番号 ○○○○○○○	氏名 ○○ ○○ ㊞

II 調査建物	建物区分	棟番号	階数	面積		建物の経過年数		被災歴		補修歴		
	校舎	○-○	2+0	一階面積 547 ㎡	建築年月 昭和29年 3月	長寿命化年月 年月	経過年数 年	種類 なし	被災年 年	内容 なし	補修年 年
				延べ面積 1,093 ㎡	経過年数 63年						

Ⓐ 構造耐力

	階	上部構造評点Iw	qi=Iw/1.1	q=min(qx,qy)	判別式		評点			評点合計
① 保有耐力 (a)水平耐力q	1	桁行方向 0.10	0.09	0.09	1.0≦q	1.0	㋐ 0.3	㋑(㋐×㋑)	㋓(㋐×50) 15.0 点	㋩=(㋙+㋭+㋬)
		張間方向 0.17	0.15		0.3<q<1.0	q		0.3		
					q≦0.3	(0.3)				
低減係数	接合Kj 1.0	偏心Kr 1.0	基礎Kf 1.0	判別式 Kj×Kr×Kf=		㋑ 1.0				

② 構法の特性	耐力壁等の種類による指数		評点		評点合計
	筋かい9cm以上 面材耐力壁	1.0	㋭ 0.6	㋭(㋭×20) 12.0 点	
	上記以外	(0.6)			**54.0** 点
	方杖の取り付く柱の断面120角以下	0.6			

③ 基礎構造β	種別指数u	基礎の被害予測に関する指数p	β=u×p	判別式		評点		Ⓐ=㋩×㋣
	基礎III 0.8	液状化が予想される地域 0.8	0.9	1.0≦β	1.0	㋣ 0.9	㋬(㋬×30) 27.0 点	
	基礎II (0.9)	軟弱地盤 0.9		0.64<β<1.0	直線補間			
	基礎I 1.0	上記に該当しない場合 (1.0)		β≦0.64	0.64			

④ 地震による被災履歴E	過去の経験した最大の被災度				無被害被災経歴なし,新材で補修	評価	評点		Ⓐ 54 点
	軽微 1.0	小破	中破 0.7	大破 0.5		**無被害**	㋬ 1.0		
				(1.0)					

Ⓑ 健全度

① 経年変化T	経過年数t	判別式(建築時からの経過年数)	経過年数t₂	判別式(長寿命化改良後の経過年数)	評点		評点合計
	63 年	T=(40-t)/40 = (40-63)/40=-0.58	年	T=(30-t₂)/40 =	㋐ 0.0	㋑(㋐×10) 0.0 点	㋬=(㋑+㋭+㋱+㋲) +㋴+㋶)

② 木材の腐朽度D		部位	外壁土台			外壁柱			判別式		評点	
	外壁土台・外壁柱		腐朽長	外壁長	腐朽度d₁	腐朽本数	外壁柱本数	腐朽度d₂	$\max(d_1,d_2)≦0.3$ (1.0)	㋐	㋑(㋐×20)	**79.1** 点
		腐朽度の判定	3.64	80.26	0.05	3	46	0.07	$0.3<\max(d_1,d_2)≦0.6$ 直線補間	1.0	20.0	
									$0.6<\max(d_1,d_2)$ 0.5			
	床梁・小屋梁	部位	2階床梁			小屋梁			判別式		評点	
		腐朽本数	床梁本数	腐朽度d₃	腐朽本数	小屋梁本数	腐朽度d₄	$\max(d_3,d_4)≦0.3$ (1.0)	㋑	㋑(㋑×20)	
		腐朽度の判定	2	9	0.22	0	6	0.00	$0.3<\max(d_3,d_4)≦0.6$ 直線補間	1.0	20.0	
									$0.6<\max(d_3,d_4)$ 0.5			

③ 基礎の状態F	基礎の劣化		基礎の傾斜			判別式		評点		Ⓑ=㋐× min(㋑,㋮,㋷)
	割れ有の基礎長 16.0	外周基礎全長 80.26	健全度df 0.20	相対沈下量 0.03	測定基礎長 9.1	沈下率φf 0.003	$\max(d_n,\phi_f×100)≦0.2$ 1.0	㋮ 0.83	㋷(㋮×20) 16.6 点	
							$0.2<\max(d_n,\phi_f×100)≦0.5$ 直線補間			
							$0.5<\max(d_n,\phi_f×100)$ 0.5			

④ 部材の傾斜、たわみR		方向	張間方向		桁行方向			判別式		評点		Ⓑ 75 点
	柱の傾斜		傾斜長	測定柱高	傾斜率r₁	傾斜長	測定柱高	傾斜率r₂	$\max(r_1,r_2)≦0.002$ 1.0	㋱	㋱(㋱×15)	
		傾斜率の測定	1.5	180	0.01	1	180	0.01	$0.002<\max(r_1,r_2)≦0.005$ 直線補間	0.5	7.5	
									$0.005<\max(r_1,r_2)$ (0.5)			
	床梁のたわみ	部位	1階			2階			判別式		評点	
			たわみ量	最大スパン	相対たわみθ₁	たわみ量	最大スパン	相対たわみθ₂	$\max(\theta_1,\theta_2)≦0.002$ (1.0)	㋱	㋳(㋱×15)	
		相対たわみの算定	0.0	180	0.000	1.5	683	0.002	$0.002<\max(\theta_1,\theta_2)≦0.005$ 直線補間	1.0	15.0	
									$0.005<\max(\theta_1,\theta_2)$ 0.5			

⑤ 床鳴り、振動障害A	床鳴りの有無α			振動障害の有無β			合計	判別式	評点
	無し:0	軽微な床鳴り:1	多数の床鳴り:2	無し:0	時々振動を感知:1	常に振動を感知:2	α+β	α+β≦1 (1.0) ㋴	
		1				1	1	α+β=2 0.9	1.0
								3≦α+β 0.8	

⑥ 火災の被災経験S	無被害:0	煙害程度:0	非構造材被害小:1	非構造材被害大:2	構造材被害有:3	被害部を新材で補修:0	判別式	評点
	0						S≦1 (1.0) ㋵	1.0
							S=2 0.95	
							S=3 0.9	

⑦ 雨漏り痕の有無U	雨漏り痕無:0	一部有(乾燥):0	多数有(乾燥):1	一部有(湿潤):2	多数有(湿潤):3	判別式	評点
				2		U≦1 1.0 ㋶	
						U=2 (0.95)	0.95
						U=3 0.9	

Ⓒ 立地条件

① 地震地域係数	② 地盤種別	③ 敷地条件	④ 積雪寒冷地域	⑤ 海岸からの距離	評価	評点
四種地域 (1.0)	一種地盤 1.0	平坦地 (1.0)	その他地域 (1.0)	海岸から8kmを超える (1.0)	Ⓒ=(①+②+③+④+⑤)/5	Ⓒ 0.98
三種地域 0.9	二種地盤 (0.9)	傾斜地 崖地(3m未満) 0.9	二級積雪寒冷地域 0.9	海岸から8km以内 0.9	=(1.0+0.9+1.0+1.0+1.0)/5	
二種地域 0.85	三種地盤 0.8	崖地(3m以上) 0.8	一級積雪寒冷地域 0.8	海岸から5km以内 0.8	= 0.98	
一種地域 0.8						

例1 〔2階建て校舎〕 83

(裏面)

1. 調査建物の各階の平面図、断面図を単線で図示し、耐力壁は、他と区別できるような太線とする。

2. 寸法線と寸法(単位メートル)を記入する。

3. 余白に縮尺、建築年、延べ面積を記入する。

学 校 名	〇〇市〇〇小学校
調 査 者 の 意 見	
構造耐力が低く、健全度も基礎まわりの劣化がみられる。	

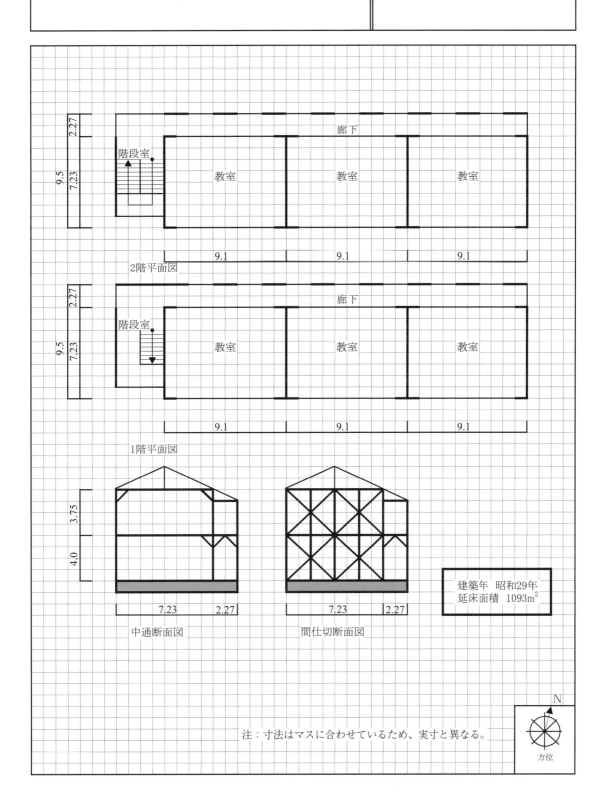

84   第9章   耐力度測定報告書作成例

9.1   建物概要

9.1.1   一般事項

本建物は、昭和29年に建設された2階建て校舎である。片廊下式の教室配置で、中間に防火壁が設置され、渡り廊下を介して2棟に分割されている。

教室の大きさは、桁行9.1 m、張間6.83 m、幅2.27 mの廊下が取り付く。桁行、張間方向とも0.91 mモジュールとなっている。

張間方向は、方杖、筋かい（50×150 mm）、桁行方向は筋かい（50×150 mm）を主な耐震要素としている。

建物名称	S小学校校舎4号棟
所在地	○○県○○市
竣工年	昭和29年（1954年）
構造	木造
規模	地上2階
	軒高
	階高　　　1階　　4.010 m、2階　4.030 m
	各階床面積　2階　　546.50 m²
	1階　　546.50 m²
	合計　　1,093.00 m²
被災の有無	なし
設計図書の有無	なし
地盤種別	第二種地盤

9.1.2　建物配置図

敷地、建物および周辺の状況を配置図として示す。

※建物配置図は施設台帳の「施設配置図」を添付することでもよい。

86　第9章　耐力度測定報告書作成例

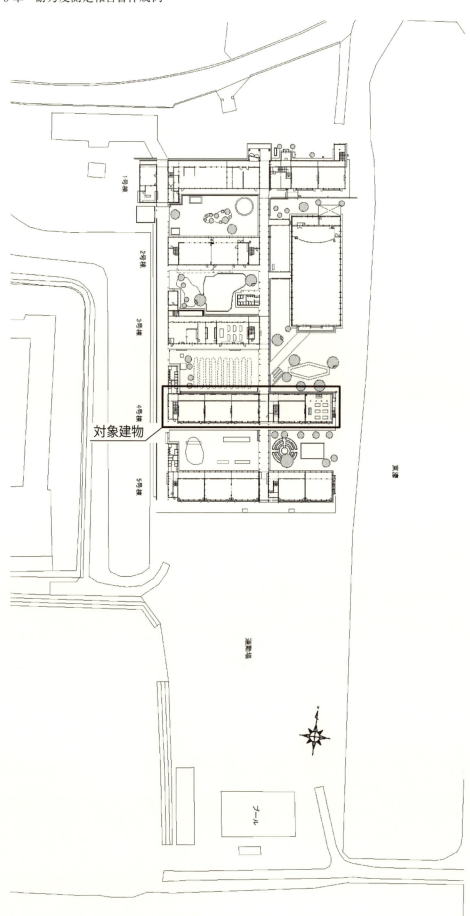

9.1.3　建物写真

外観イメージ

教室内観イメージ

　設計図書は耐震診断時のものを使用する。診断・補強時の設計図書で不足する場合には、原設計時の設計図書を参照するか、現地調査により不足分を追加して検討する。

　耐震診断調査に用いた平面図、軸組図を以下に示す。耐震診断では、防火壁、1階の渡り廊下で建物が分断されていることを考慮して 4-1 号棟と 4-2 号棟の 2 棟として耐震診断を実施している。

88　第9章　耐力度測定報告書作成例

9.1.4　各階平面図

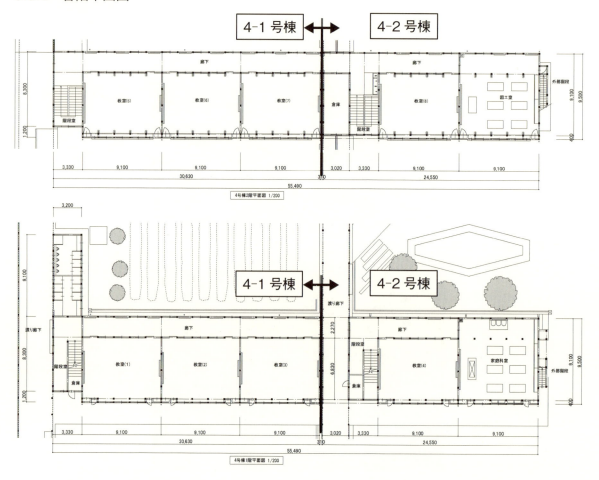

9.1.5 各階伏図

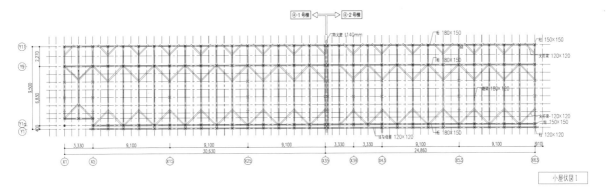

小屋伏図1

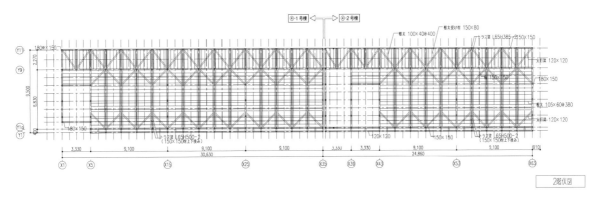

2階伏図

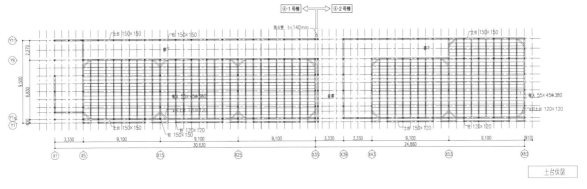

土台伏図

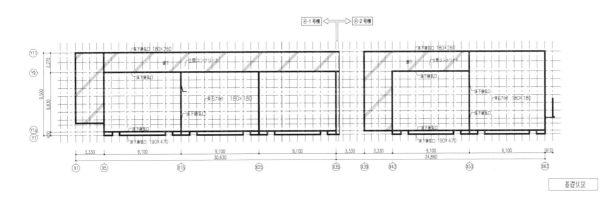

基礎伏図

90   第 9 章　耐力度測定報告書作成例

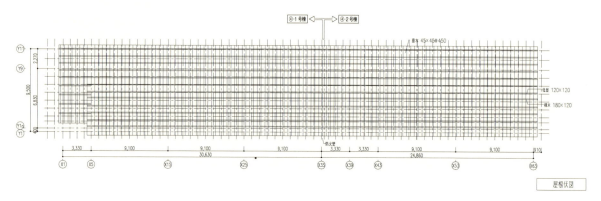

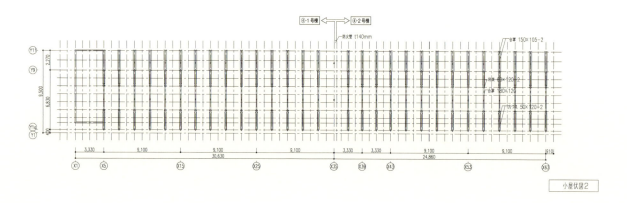

9.1.6　軸組図

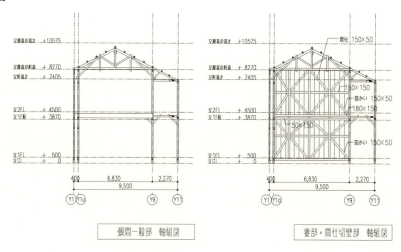

例1 〔2階建て校舎〕　91

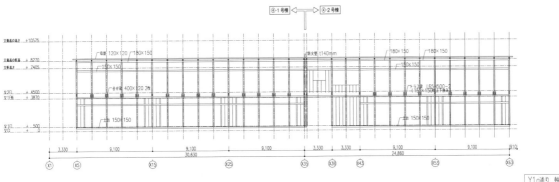

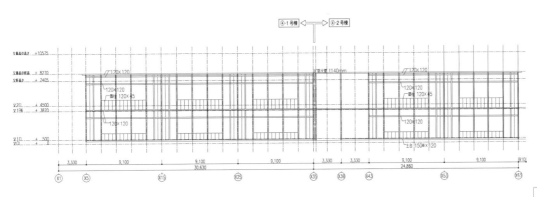

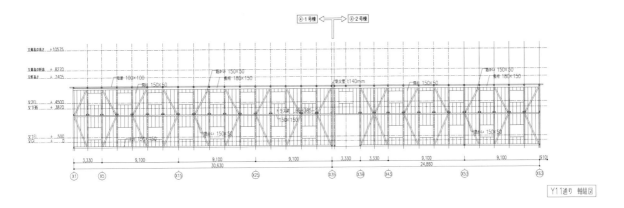

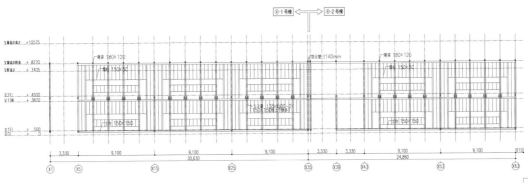

9.1.7 接合部リスト

柱頭・柱脚接合部、筋かい端部接合部等の詳細を示す。

※保有耐力の低減係数の算定に参考になる。

主な筋かいの断面：150 × 50 mm

筋かい端部接合部、柱脚接合部

9.2 耐震診断

本校舎は、耐震診断が実施されており以下のような結果になっている。

耐震診断結果 4-1 号棟

階	方向	保有する耐力 Q_d	必要耐力 Q_r	上部構造評点 Q_d/Q_r
2F	X	29.4	244.3	0.12
	Y	33.6		0.14
1F	X	45.6	453.8	0.10
	Y	78.2		0.17

耐震診断結果 4-2 号棟

階	方向	保有する耐力 Q_d	必要耐力 Q_r	上部構造評点 Q_d/Q_r
2F	X	11.8	198.7	0.06
	Y	36.1		0.18
1F	X	44.5	366.5	0.12
	Y	88.3		0.24

94　第9章　耐力度測定報告書作成例

9.3　耐力度調査票

9.3.1　Ⓐ構造耐力

　耐力度測定は当該建物およびその設計図書によって建築年が異なるごとに行うが、Ⓐ—①保有耐力—(a)水平耐力、Ⓐ—②構法の特性については、建築年が異なる部分があっても棟全体について評価する。

　(a)水平耐力の測定には耐震診断結果を使用するので、診断時の建物区分・算定範囲等を確認して、防火壁で区画（エキスパンション）されているので4-1号棟、4-2号棟に分けて結果を運用する。

　※ここでは、4-1号棟について詳細に算定する。

① 保有耐力
　(a)　水平耐力：q

$$q_i = I_W/1.1$$

水平耐力 q（4-1 号棟）

方向		耐震診断 I_W	水平耐力 q_i
2F	X	0.12	0.11
	Y	0.14	0.13
1F	X	0.10	0.09
	Y	0.17	0.15

判別式　$\boxed{q = \min(q_i) = 0.09 \quad \rightarrow \quad 0.3}$

耐震診断を実施している建物なので、

$$K_j = 1.0, \ K_r = 1.0, \ K_f = 1.0$$

② 構法の特性

筋かいの断面のうち小さい方の寸法が9cm以上の筋かい、面材耐力壁の場合	1.0
上記以外の場合	0.6
方杖が120角以下の柱（合わせ柱の場合を除く）	0.6

③ 基礎構造：β

　当該建物の基礎および敷地地盤について、基礎構造の地震被害に関する指標 β を下式によ

例1 〔2階建て校舎〕 95

り算出して評価する。

$$\beta = u \cdot p = 0.9 \times 1.0 = 0.9$$

ここで、

u：当該基礎の種類に応じた下記の値

基礎Ⅱ　無筋コンクリートの布基礎（軽微なひび割れも含む）	0.9

p：基礎の被害予測に関する下記の項目のうち、該当する最小の値とする。

液状化が予想される地域である	0.8
軟弱地盤である	0.9
上記に該当しない場合	1.0

判別式	$0.64 < \beta < 1.0$	直線補間 0.9

④ 地震による被災履歴：E

無被害被災経歴なし	1.0

構造耐力評点の算出

㋔	保有耐力	$0.3 \times 1.0 = 0.3$	→	$0.3 \times 50 = 15.0$	点
㋕	構法の特性	0.6	→	$0.6 \times 20 = 12.0$	点
㋗	基礎構造	0.9	→	$0.9 \times 30 = 27.0$	点
㋘	地震による被災履歴	1.0	→	1.0	

㋙　$= (㋔ + ㋕ + ㋗) = 15.0 + 12.0 + 27.0 = 54$　点

Ⓐ 構造耐力評点合計 $= 54 \times 1.0 = 54$　点

9.3.2 Ⓑ健全度

測定は建築年や建築構造が異なる建物毎に行うものとするが、測定項目によっては建物内の代表的な室（最も老朽化が進行していると思われる室）を1つ抽出して健全度測定を行う。

① 経年変化：T

建築後、長寿命化改良事業実施前

当該建物の耐力度測定時における、建築年からの経過年数 t に応じて、経年変化 T を下式により計算する。ただし、T がゼロ以下の場合は、$T = 0$ とする。

96　第9章　耐力度測定報告書作成例

$$T = (40 - t)/40 = (40 - 63)/40 = -0.58 \rightarrow \quad 0$$

ここで、t：建築時からの経過年数　　$t = 63$ 年経過（平成 29 年現在）

② 木材の腐朽度：D

(1) 外壁土台・外壁柱

(a) 外壁土台

　　建物全体の外壁長　：　$30.63 + 9.5 + 30.63 + 9.5 = 80.26$ m

　　腐朽材の延長　　　：　3.64 m

$$d_1 = 腐朽材の延長／外壁土台の延長 = 3.64/80.26 = 0.05$$

土台の蟻害

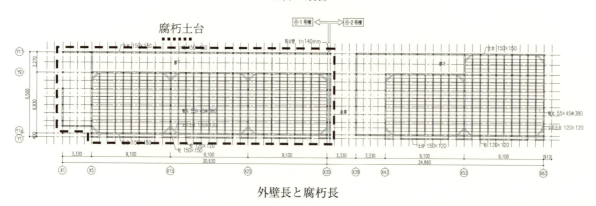

外壁長と腐朽長

(b) 外壁柱

　　外壁柱の本数：46 本

　　腐朽材の本数：3 本

$$d_2 = 腐朽材の本数／外壁柱の本数 = 3/46 = 0.07$$

外壁柱の腐朽

判別式 　$\boxed{\max(d_1, d_2) \leqq 0.3 \quad \cdots\cdots 1.0}$
　　　　　$0.3 < \max(d_1, d_2) \leqq 0.6 \quad \cdots\cdots$直線補間
　　　　　$0.6 < \max(d_1, d_2) \quad\quad\quad \cdots\cdots 0.5$

(2) 床梁と小屋梁の腐朽度
  (a) 床梁
    床梁本数：9本
    腐朽本数：2本
    　　$d_3 = $ 腐朽本数／床梁本数 $= 2/9 = 0.22$
  (b) 小屋梁
    小屋梁本数：6本
    腐朽本数 ：0本
    　　$d_4 = $ 腐朽本数／小屋梁本数 $= 0/6 = 0$
  判別式 　$\boxed{\max(d_3, d_4) \leqq 0.3 \quad \cdots\cdots 1.0}$
　　　　　$0.3 < \max(d_3, d_4) \leqq 0.6 \quad \cdots\cdots$直線補間
　　　　　$0.6 < \max(d_3, d_4) \quad\quad\quad \cdots\cdots 0.5$

③ 基礎の状態：F
  (a) 基礎の劣化
    建物外周基礎全長：　$l = 30.63 + 9.5 + 30.63 + 9.5 = 80.26$ m
    割れを有する基礎長さ：　$l_d = 4 \text{ m} \times 4 \text{ 箇所} = 16$ m
    　　$d_f = l_d/l = 16/80.26 = 0.20$
  (b) 基礎の傾斜
    測定基礎長さ：$l = 9.10$ m

98　第 9 章　耐力度測定報告書作成例

相対沈下量：$\delta = 3\,\mathrm{cm} = 0.03\,\mathrm{m}$

$$\phi_f = \delta/l = 0.03/9.10 = 0.003$$

判別式　　　　　$\max(d_f, \phi_f \times 100) \leqq 0.2$　　　……1.0

$\boxed{0.2 < \max(d_f, \phi_f \times 100) \leqq 0.5 \qquad ……直線補間 \quad 0.83}$

$0.5 < \max(d_f, \phi_f \times 100)$　　　……0.5

④　部材の傾斜、たわみ：R

（a）柱の傾斜

柱の傾斜　張間方向　1.5 cm　　傾斜率 $(r_1) = \delta/l = 1.5/180 = 0.01$

桁行方向　1.0 cm　　傾斜率 $(r_2) = \delta/l = 1.0/180 = 0.01$

判別式　　　　　$\max(r_1, r_2) \leqq 0.002$　　　……1.0

$0.002 < \max(r_1, r_2) \leqq 0.005$　　　……直線補間

$\boxed{0.005 < \max(r_1, r_2) \qquad\qquad ……0.5}$

（b）床梁のたわみ

1 階最大たわみ：0.0 cm　大引きスパン：180 cm

相対たわみ $(\theta_1) = \delta/L = 0/180 = 0.0$

2 階最大たわみ：1.5 cm　梁のスパン：683 cm

相対たわみ $(\theta_2) = \delta/L = 1.5/683 = 0.002$

判別式　　　　$\boxed{\max(\theta_1, \theta_2) \leqq 0.002 \qquad ……1.0}$

$0.002 < \max(\theta_1, \theta_2) \leqq 0.005$　　　……直線補間

$0.005 < \max(\theta_1, \theta_2)$　　　……0.5

⑤　床鳴り、振動障害：A

（a）床鳴りの有無：α

床鳴りのする室が全くない場合　　　：$\alpha = 0$

$\boxed{床鳴りのする室が 2 割程度以下の場合　：\alpha = 1}$

床鳴りのする室が 2 割程度以上の場合　：$\alpha = 2$

（b）振動障害の有無：β

$\boxed{振動を感じない、ほとんど感じない　　：\beta = 0}$

時々不快な振動を感じる　　　　　　：$\beta = 1$

常に不快な振動を感じる　　　　　　：$\beta = 2$

判別式　　　$\boxed{\alpha + \beta \leqq 1 \qquad ……1.0}$

$\alpha + \beta = 2$　　　……0.9

$3 \leqq \alpha + \beta$　　　……0.8

例 1 〔2 階建て校舎〕　99

⑥　火災の被災経験：S

| 被災経験無し | $:S=0$ |

煙害程度の被災経験あり　　　　　　　$:S=0$

非構造材が燃焼する被害が一部にある　$:S=1$

非構造材が燃焼する被害が比較的大きい　$:S=2$

構造材が一部燃焼する被害あり　　　　$:S=3$

燃焼した構造材を全て新材で補修　　　$:S=0$

判別式　　| $S \leqq 1$　　……1.0 |

　　　　　$S=2$　　……0.95

　　　　　$S=3$　　……0.9

⑦　雨漏り痕の有無：U

雨漏り痕無し　　　　　　　　　　　　　　　　　$:U=0$

小屋裏あるいは内壁に一部雨漏り痕あり（乾燥状態）　$:U=0$

小屋裏あるいは内壁に多数の雨漏り痕あり（乾燥状態）　$:U=1$

| 小屋裏あるいは内壁に一部雨漏り痕あり（湿潤状態）　$:U=2$ |

小屋裏あるいは内壁に多数の雨漏り痕あり（湿潤状態）　$:U=3$

判別式　　　$U \leqq 1$　　……1.0

　　　　　| $U=2$　　……0.95 |

　　　　　$U=3$　　……0.9

健全度評点の算出

　㋑　経年変化　　　　　　0.0　　→　$0.0 \times 10 = 0.0$　点

　㋓　外壁土台・外壁柱　　1.0　　→　$1.0 \times 20 = 20.0$　点

　㋕　床梁・小屋梁　　　　1.0　　→　$1.0 \times 20 = 20.0$　点

　㋗　基礎の状態　　　　　0.83　→　$0.83 \times 20 = 16.6$　点

　㋙　柱の傾斜　　　　　　0.5　　→　$0.5 \times 15 = 7.5$　点

　㋛　床梁のたわみ　　　　1.0　　→　$1.0 \times 15 = 15.0$　点

　㋜　床鳴り、振動障害　　　　　→　1.0

　㋞　火災の被災経験　　　　　　→　1.0

　㋠　雨漏りの有無　　　　　　　→　0.95

　㋟　評点合計 ＝ ㋑＋㋓＋㋕＋㋗＋㋙＋㋛ ＝ 79.1　点

Ⓑ　健全度評点合計 ＝ ㋟ × min(㋜、㋞、㋠) ＝ 79.1 × min(1.0、1.0、0.95) ＝ 79.1 × 0.95 ＝ 75 点

100   第 9 章   耐力度測定報告書作成例

9.3.3   Ⓒ立地条件

① 地震地域係数

四種地域　　　　　　　　→　1.0

② 地盤種別

二種地盤　　　　　　　　→　0.9

③ 敷地条件

平坦地　　　　　　　　　→　1.0

④ 積雪寒冷地域

その他地域　　　　　　　→　1.0

⑤ 海岸からの距離

海岸から 8 km を超える　→　1.0

以上から、

Ⓒ　立地条件評点 $= (1.0 + 0.9 + 1.0 + 1.0 + 1.0)/5 = 0.98$

9.4   耐力度

Ⅲ　結果点数

Ⓐ　構造耐力　　54　点

Ⓑ　健全度　　　75　点

Ⓒ　立地条件　　0.98

以上から、耐力度は、

耐力度 $=$ Ⓐ $\times$ Ⓑ $\times$ Ⓒ $= 54 \times 75 \times 0.98 =$ 　3969　点

となる。

付　録

102 付　　録

付1　公立学校施設費国庫負担金等に関する関係法令等の運用細目（抄）

平成 18 年 7 月 13 日 18 文科施第 188 号

（最終改正：令和 3 年 6 月 14 日 3 文科施第 88 号）

第1　用語の意義

47　構造上危険な状態にある建物

　建物の骨組みが危険な状態にある建物をいう。この危険な状態の度合いは耐力度で表示し、この耐力度の測定は、建物の構造の種類の別及び建物の区分に従い、別表第 1、別表第 2、別表第 3 又は別表第 4 により構造耐力、健全度及び立地条件について行うものとする。

　ただし、耐力度調査票により耐力度を測定することができないとき又は適当でないと認められるときは、大学教授等の専門家の測定又は別に定める耐力度簡略調査票又は耐力度調査票（耐震診断未実施用）により、耐力度調査票に定める測定項目を当該建物の実態に即した適切な測定項目に置き換える等の方法で、構造耐力、健全度及び立地条件のそれぞれについて耐力度調査票に耐力度の測定を行うものとする。

　建物の耐力度を 10,000 点満点とし、木造の建物については耐力度おおむね 5,500 点以下、鉄筋コンクリート造、鉄骨造、補強コンクリートブロック造及びこれら以外の建物については耐力度おおむね 4,500 点以下になった建物が構造上危険な状態にある建物である。

　ただし、次のいずれかに該当する場合は、耐力度点数を 500 点緩和する。

(1) 　特別支援学校の建物

(2) 　豪雪地帯対策特別措置法（昭和 37 年法律第 73 号）第 15 条の規定の適用のある学校の建物（木造のみ）

(3) 　台風常襲地帯における災害の防除に関する特別措置法（昭和 33 年法律第 72 号）第 3 条の規定に基づき指定された台風常襲地帯に所在する学校の建物（木造のみ）

(4) 　その他当該学校の実情及びその環境、立地条件等からその改築が真にやむを得ないと認められる建物

付　録　103

付2　学校施設環境改善交付金交付要綱（抄）

平成 23 年 4 月 1 日 23 文科施第 3 号

（最終改正：令和 3 年 4 月 9 日 3 文科施第 20 号）

第1　通則

義務教育諸学校等の施設費の国庫負担等に関する法律（昭和 33 年法律第 81 号。以下「法」という。）第 12 条第 1 項の規定に基づく交付金の交付に関しては、法、義務教育諸学校等の施設費の国庫負担等に関する法律施行規則（昭和 33 年文部省令第 21 号）、補助金等に係る予算の執行の適正化に関する法律（昭和 30 年法律第 179 号）及び補助金等に係る予算の執行の適正化に関する法律施行令（昭和 30 年政令第 255 号）その他関係法令等に定めるもののほか、この要綱に定めるところによる。

第2　定義

1　学校施設環境改善交付金

地方公共団体が作成した法第 12 条第 2 項に規定する施設整備計画に基づく事業の実施に要する経費に充てるため、同条第 1 項の規定により国が交付する交付金をいう。

2　交付対象事業

施設整備計画に基づき実施される別表 1 又は別表 2 に掲げる事業（他の法律又は予算制度に基づく国の負担又は補助を得て実施するものを除く。）をいう。

別表 1（本土に係るもの）

項	事業区分	対象となる経費	配分基礎額の算定方法	算定割合
1	構造上危険な状態にある建物の改築	義務教育諸学校（小学校、中学校、義務教育学校、中等教育学校の前期課程並びに特別支援学校の小学部及び中学部をいう。以下同じ。）の建物（校舎、屋内運動場及び寄宿舎をいう。以下同じ。）で構造上危険な状態にあるものの改築（買収その他これに準ずる方法による取得を含む。以下同じ。）に要する経費	ア　校舎又は屋内運動場の場合 校舎又は屋内運動場のそれぞれについて、次に掲げる面積のうちいずれか少ない面積から第二号に掲げる面積のうち危険でない部分の面積を控除して得た面積に 1 平方メートル当たりの建築の単価を乗じたものとする。 一　改築を行う年度の 5 月 1 日における当該学校の学級数に応ずる必要面積 二　改築を行う年度の 5 月 1 日における保有面積	1/3 （算定割合の特例） ア　離島振興法（昭和 28 年法律第 72 号。以下「離島法」という。）第 7 条の規定の適用のある義務教育諸学校の建物にあっては 5.5/10 イ　奄美群島振興開発特別措置法（昭和 29 年法律第 189 号。以下「奄美法」という。）第 6 条の規定の適用のある義務教育諸学校の建物にあっては 5.5/10 ウ　豪雪地帯対策特別措置法（昭和 37 年法律第 73 号。以下「豪雪法」という。）

104　付　録

第 15 条の規定の適用のある小学校、中学校、義務教育学校及び中等教育学校の前期課程（以下「小学校等」という。）の分校の校舎及び屋内運動場にあっては 5.5/10

エ　豪雪法第 15 条の規定の適用のある小学校等の寄宿舎にあっては 5.5/10

オ　豪雪法第 2 条第 2 項の規定に基づく特別豪雪地帯に所在する小学校等の本校の校舎又は屋内運動場にあっては 5.5/10

カ　成田国際空港周辺整備のための国の財政上の特別措置に関する法律（昭和 45 年法律第 7 号。以下「成田財特法」という。）第 3 条の規定の適用のある小学校、中学校及び義務教育学校の建物にあっては 2/3

キ　地震防災対策強化地域における地震対策緊急整備事業に係る国の財政上の特別措置に関する法律（昭和 55 年法律第 63 号。以下「地震財特法」）第 4 条の適用のある小学校等の校舎にあっては 1/2

ク　過疎地域の持続的発展の支援に関する特別措置法（令和 3 年法律第 19 号。以下「過疎法」という。）第 2 条の規定に基づく過疎地域に所在する小学校等の建物にあっては 5.5/10、令和 8 年度までの間における特定市町村（過疎法附則第 5 条に規定する特定市町村をいう。以下同じ。）及び令和 9 年度までの間における特別特定市町村（同条に規定する特別特定市町村をいう。以下同じ。）に所在する小学校等の建物にあっては別記に定める算定割合、山村振興法（昭和 40 年法律第

イ　寄宿舎の場合

次に掲げる面積のうちいずれか少ない面積から第二号に掲げる面積のうち危険でない部分の面積を控除して得た面積に 1 平方メートル当たりの建築の単価を乗じたものとする。

一　児童又は生徒一人当たりの基準面積に改築を行う年度の 5 月 1 日における当該学校の児童又は生徒のうち当該改築後の寄宿舎に収容する児童又は生徒の数を乗じて得た面積

二　改築を行う年度の 5 月 1 日における保有面積

（算定方法の特例）

ウ　ア第二号に掲げる面積がア第一号に掲げる面積を超えるときで、かつ、次に掲げる特別の理由があるため、学級数に応ずる必要面積に基づく改築後の校舎又は屋内運動場が児童又は生徒の教育を行うのに著しく不適当であると認められるときは、同号に掲げる面積の 0.2 倍の面積以内において文部科学大臣が定める面積を加えた面積を、同号に掲げる面積とみなして算定するものとする。

一　学級数の増加が明らかなこと

二　文部科学大臣が特に認めた理由

エ　鉄筋コンクリート造以外の構造の建物に関しては、保有面積について、校舎又は寄宿舎の保有面積のうち鉄筋コンクリート造以外の構造に係る部分の面積について、これに 1.02 を乗じて行うものとする。

オ　鉄筋コンクリート造以外の構造の建物に関しては、

			1平方メートル当たりの建築の単価に乗ずべき面積について、当該面積のうち鉄筋コンクリート造以外の構造の校舎又は寄宿舎に充てようとする部分の面積について、これを1.02で除して行うものとする。 カ 積雪寒冷地にある学校の学級数に応ずる必要面積については、運用細目に定めるところにより、当該学校の所在地の積雪寒冷地に応じ、必要な補正を加えるものとする。	64号）第7条の規定に基づく振興山村（地方交付税法（昭和25年法律第211号）第14条の規定により算定した基準財政収入額を同法第11条の規定により算定した基準財政需要額で除して得た数値で補助年度前3箇年度内の各年度に係るものを合算したものの3分の1の数値（以下「財政力指数」という。）が0.40未満である市町村の区域内にあるものに限る。以下同じ。）に所在する小学校等の建物にあっては5.5/10 ケ 原子力発電施設等立地地域の振興に関する特別措置法（平成12年法律第148号。以下「原発特措法」という。）第7条の規定の適用のある小学校等の建物にあっては5.5/10 コ 駐留軍等の再編の円滑な実施に関する特別措置法（平成19年法律第67号。以下「駐留軍再編特別措置法」という。）第11条の規定の適用のある小学校等の建物にあっては5.5/10
2	長寿命化改良事業	小学校、中学校、義務教育学校、中等教育学校の前期課程、特別支援学校及び幼稚園の建物（幼稚園にあっては園舎。以下同じ。）で構造体の劣化対策を要する建築後40年以上経過したものの長寿命化改良に要する経費	文部科学大臣が必要と認める面積等に1平方メートル当たりの建築の単価等を乗じたものとする。	1/3
		小学校、中学校、義務教育学校、中等教育学校の前期課程、特別支援学校及び幼稚園の建物で建築後20年以上であるものの長寿命化を図るための予防的な改修に要する経費	文部科学大臣が必要と認める額とする。	1/3

別表2（沖縄に係るもの）

項	事業区分	対象となる経費	配分基礎額の算定方法	算定割合
1	構造上危険な状態にある建物の改築	小学校、中学校及び義務教育学校の建物で構造上危険な状態にあるもののうち、建築後35年未満のもの（ただし、同一の学校において、建築後35年未満の建物と建築後35年以上の建物の改築を同時に行う場合には、建築後35年以上の建物も含む。）の改築に要する経費	ア　校舎又は屋内運動場の場合 校舎又は屋内運動場のそれぞれについて、次に掲げる面積のうちいずれか少ない面積から第二号に掲げる面積のうち危険でない部分の面積を控除して得た面積に1平方メートル当たりの建築の単価を乗じたものとする。 　一　改築を行う年度の5月1日における当該学校の学級数に応ずる必要面積 　二　改築を行う年度の5月1日における保有面積 イ　寄宿舎の場合 次に掲げる面積のうちいずれか少ない面積から第二号に掲げる面積のうち危険でない部分の面積を控除して得た面積に1平方メートル当たりの建築の単価を乗じたものとする。 　一　児童又は生徒一人当たりの基準面積に改築を行う年度の5月1日における当該学校の児童又は生徒のうち当該改築後の寄宿舎に収容する児童又は生徒の数を乗じて得た面積 　二　改築を行う年度の5月1日における保有面積 （算定方法の特例） ウ　ア第二号に掲げる面積がア第一号に掲げる面積を超えるときで、かつ、次に掲げる特別の理由があるため、学級数に応ずる必要面積に基づく改築後の校舎又は屋内運動場が児童又は生徒の教育を行うのに著しく	7.5/10

不適当であると認められるときは、同号に掲げる面積の0.2倍の面積以内において文部科学大臣が定める面積を加えた面積を、同号に掲げる面積とみなして算定するものとする。

一　学級数の増加が明らかなこと

二　文部科学大臣が特に認めた理由

エ　鉄筋コンクリート造以外の構造の建物に関しては、保有面積について、校舎又は寄宿舎の保有面積のうち鉄筋コンクリート造以外の構造に係る部分の面積について、これに1.02を乗じて行うものとする。

オ　鉄筋コンクリート造以外の構造の建物に関しては、1平方メートル当たりの建築の単価に乗ずべき面積について、当該面積のうち鉄筋コンクリート造以外の構造の校舎又は寄宿舎に充てようとする部分の面積について、これを1.02で除して行うものとする。

108　付　　録

付3　建築基準法施行令に基づく Z の数値、Rt 及び Ai を算出する方法並びに地盤が著しく軟弱な区域として特定行政庁が指定する基準（抄）

昭和 55 年 11 月 27 日建設省告示第 1793 号

（最終改正：平成 19 年 5 月 18 日国土交通省告示第 597 号）

第1　Z の数値

Z は、次の表の上欄に掲げる地方の区分に応じ、同表下欄に掲げる数値とする。

	地方	数値
(1)	(2) から (4) までに掲げる地方以外の地方	1.0
(2)	北海道のうち 　札幌市 函館市 小樽市 室蘭市 北見市 夕張市 岩見沢市 網走市 苫小牧市 美唄市 芦別市 江別市 赤平市 三笠市 千歳市 滝川市 砂川市 歌志内市 深川市 富良野市 登別市 恵庭市 伊達市 札幌郡 石狩郡 厚田郡 浜益郡 松前郡 上磯郡 亀田郡 茅部郡 山越郡 檜山郡 爾志郡 久遠郡 奥尻郡 瀬棚郡 島牧郡 寿都郡 磯谷郡 虻田郡 岩内郡 古宇郡 積丹郡 古平郡 余市郡 空知郡 夕張郡 樺戸郡 雨竜郡 上川郡（上川支庁）のうち東神楽町、上川町、東川町及び美瑛町 勇払郡 網走郡 斜里郡 常呂郡 有珠郡 白老郡 青森県のうち 　青森市 弘前市 黒石市 五所川原市 むつ市 東津軽郡 西津軽郡 中津軽郡 南津軽郡 北津軽郡 下北郡 秋田県 山形県 福島県のうち 　会津若松市 郡山市 白河市 須賀川市 喜多方市 岩瀬郡 南会津郡 北会津郡 耶麻郡 河沼郡 大沼郡 西白河郡 新潟県 富山県のうち 　魚津市 滑川市 黒部市 下新川郡 石川県のうち 　輪島市 珠洲市 鳳至郡 珠洲郡 鳥取県のうち 　米子市 倉吉市 境港市 東伯郡 西伯郡 日野郡 島根県 岡山県 広島県 徳島県のうち 　美馬郡 三好郡 香川県のうち 　高松市 丸亀市 坂出市 善通寺市 観音寺市 小豆郡 香川郡 綾歌郡 仲多度郡 三豊郡 愛媛県 高知県 熊本県（(3) に掲げる市及び郡を除く。） 大分県（(3) に掲げる市及び郡を除く。） 宮崎県	0.9

| (3) | 北海道のうち
　旭川市　留萌市　稚内市　紋別市　士別市　名寄市　上川郡（上川支庁）のうち鷹栖町、当麻町、
　比布町、愛別町、和寒町、剣淵町、朝日町、風連町及び下川町　中川郡（上川支庁）増毛郡
　留萌郡　苫前郡　天塩郡　宗谷郡　枝幸郡　礼文郡　利尻郡　紋別郡
山口県
福岡県
佐賀県
長崎県
熊本県のうち
　八代市　荒尾市　水俣市　玉名市　本渡市　山鹿市　牛深市　宇土市　飽託郡　宇土郡　玉名郡　鹿本
　郡　葦北郡　天草郡
大分県のうち
　中津市　日田市　豊後高田市　杵築市　宇佐市　西国東郡　東国東郡　速見郡　下毛郡　宇佐郡
鹿児島県（名瀬市及び大島郡を除く。） | 0.8 |
| (4) | 沖縄県 | 0.7 |

110 付　録

付4　義務教育諸学校等の施設費の国庫負担等に関する法律（抄）

昭和33年4月25日法律第81号

（最終改正：平成27年7月8日号外法律第52号）

（目的）

第1条　この法律は、公立の義務教育諸学校等の施設の整備を促進するため、公立の義務教育諸学校の建物の建築に要する経費について国がその一部を負担することを定めるとともに、文部科学大臣による施設整備基本方針の策定及び地方公共団体による施設整備計画に基づく事業に充てるための交付金の交付等について定め、もつて義務教育諸学校等における教育の円滑な実施を確保することを目的とする。

（交付金の交付等）

第12条　国は、地方公共団体に対し、公立の義務教育諸学校等施設に係る改築等事業の実施に要する経費に充てるため、その整備の状況その他の事項を勘案して文部科学省令で定めるところにより、予算の範囲内で、交付金を交付することができる。

2　地方公共団体は、前項の交付金の交付を受けようとするときは、施設整備基本計画に即して、当該地方公共団体が設置する義務教育諸学校等施設の整備に関する施設整備計画を作成しなければならない。

3　施設整備計画においては、次に掲げる事項を記載しなければならない。

　一　施設整備計画の目標

　二　前号の目標を達成するために必要な改築等事業に関する事項

　三　計画期間

　四　その他文部科学省令で定める事項

4　地方公共団体は、施設整備計画を作成し、又はこれを変更したときは、遅滞なく、これを公表するとともに、文部科学大臣（市町村（特別区を含む。以下この項において同じ。）にあつては、当該市町村の属する都道府県の教育委員会を経由して文部科学大臣）に提出しなければならない。

付5　義務教育諸学校等の施設費の国庫負担等に関する法律施行令（抄）

昭和 33 年 6 月 27 日政令第 189 号

（最終改正：平成 30 年 3 月 22 日号外政令第 52 号）

（学級数に応ずる必要面積）

第 7 条

5　法第 6 条第 1 項後段の規定に基づき当該学校の所在地の積雪寒冷度に応じて行うべき補正
　は、一級積雪寒冷地域又は二級積雪寒冷地域にある学校の校舎又は屋内運動場について、文
　部科学大臣が財務大臣と協議して定める面積を加えて行うものとする。

112 付　録

付6　義務教育諸学校等の施設費の国庫負担等に関する法律施行規則（抄）

昭和 33 年 8 月 8 日政令第 21 号

（最終改正：令和 3 年 6 月 14 日号外政令第 33 号）

（交付金の交付等）

第7条　法第 12 条第 1 項の交付金（次項及び次条において単に「交付金」という。）の交付の対象となる施設は、公立の義務教育諸学校等施設（法第 11 条第 1 項に規定する義務教育諸学校等施設をいう。以下同じ。）とする。ただし、高等学校等（同項に規定する高等学校等をいう。）の施設については、特別支援学校の高等部の施設、奄美群島（奄美群島振興開発特別措置法（昭和 29 年法律第 189 号）第 1 条に規定する奄美群島をいう。）及び沖縄県に所在する施設、産業教育振興法（昭和 26 年法律第 228 号）第 2 条に規定する産業教育のための施設その他文部科学大臣が必要と認める施設に限るものとする。

2　交付金は、施設整備計画（法第 12 条第 2 項に規定する施設整備計画をいう。以下この条及び次条において同じ。）に記載された事業のうち交付金の算定の対象となる事業（以下この項において「交付対象事業」という。）について次の各号に掲げる額のうちいずれか少ない額を合計した額を基礎として、予算の範囲内で交付する。

一　交付対象事業ごとに文部科学大臣が定める配分基礎額に当該事業ごとに文部科学大臣が定める割合を乗じて得た額

二　交付対象事業に要する経費の額に当該事業ごとに文部科学大臣が定める割合を乗じて得た額

3　法第 12 条第 3 項第 4 号の文部科学省令で定める事項は、次に掲げる事項とする。

一　施設整備計画の名称

二　施設整備計画の目標の達成状況に係る評価に関する事項その他文部科学大臣が必要と認める事項

「既存鉄筋コンクリート造・鉄骨造・木造・補強コンクリートブロック造
学校建物の耐力度測定方法」
編集委員会執筆委員
■第二次改訂版執筆委員 (敬称略 50 音順)
　梅園　雅一 ((有) 万建築設計事務所)
　岡田　健良 ((有) アフェクト設計事務所)
　腰原　幹雄 (東京大学)
　中埜　良昭 (東京大学)
　西田　哲也 (秋田県立大学)
　松川　和人 (東京大学)
　山田　　哲 (東京大学)

　(改訂版作成当時)
□執筆委員 (敬称略 50 音順)
　大井　謙一 (東京大学)
　岡田　恒男 (芝浦工業大学)
　岡本　哲美 ((株) 巴コーポレーション)
　木村　秀雄 ((有) 万建築設計事務所)
　高梨　晃一 (千葉大学)
　中埜　良昭 (東京大学)

　(初版作成当時)
□執筆委員 (敬称略 50 音順)
　青山　博之 (東京大学)
　東　　洋一 (東京都立大学)
　岡田　恒男 (東京大学)
　加藤　　勉 (東京大学)
　木村　秀雄 ((有) 万建築設計事務所)
　久保寺　勲 ((株) 巴組鉄工所)
　高梨　晃一 (東京大学)
　高橋　正恒 (高橋茂弥建築設計事務所)
　羽倉　弘人 (千葉工業大学)
　村上　雅也 (千葉大学)

サービス・インフォメーション
――――――――――――――― 通話無料 ―――

①商品に関するご照会・お申込みのご依頼
　　　　　　TEL 0120 (203) 694／FAX 0120 (302) 640
②ご住所・ご名義等各種変更のご連絡
　　　　　　TEL 0120 (203) 696／FAX 0120 (202) 974
③請求・お支払いに関するご照会・ご要望
　　　　　　TEL 0120 (203) 695／FAX 0120 (202) 973

●フリーダイヤル（TEL）の受付時間は、土・日・祝日を除く
　9:00～17:30です。
●FAXは24時間受け付けておりますので、あわせてご利用ください。

既存（鉄筋コンクリート造・鉄骨造・木造・補強コンクリートブロック造）学校建物の耐力度測定方法〈第二次改訂版〉

1983年 9 月30日　初版発行
2001年 7 月30日　改訂版発行
2018年 5 月20日　第二次改訂版発行
2022年 1 月25日　第二次改訂版第2刷発行

編　集　既存鉄筋コンクリート造・鉄骨造・木造・

　　　　補強コンクリートブロック造

　　　　学校建物の耐力度測定方法編集委員会

発行者　田　中　英　弥

発行所　第一法規株式会社
　　　　〒107-8560　東京都港区南青山2-11-17
　　　　ホームページ　https://www.daiichihoki.co.jp/

（鉄筋コンクリート造・鉄骨造・木造・補強コンクリートブロック造
　セット・分売不可）

学校耐力二改　ISBN978-4-474-06350-1　C2037　（3）